Pierluigi Romeo di Colloredo

IL DUCA DELLA VITTORIA

ARMANDO DIAZ
E LA
RELAZIONE UFFICIALE
SULLA BATTAGLIA
DI VITTORIO VENETO

ISBN: 9788893273893 prima edizione Ottobre 2018

SPS-046 - Il Duca della Vittoria - Armando Diaz e la relazione ufficiale sulla battaglia di Vittorio Veneto

by Pierluigi Romeo di Colloredo Mels.

Editor: **Luca Cristini Editore per i tipi di Soldiershop serie Storia** - Cover & Art Design: L.S. Cristini.

Non un uomo ha vinto, ma un popolo.

Armando Diaz, 1918.

[Diaz fu]*spirito profondamente religioso, spirito umano fra uomini, comprese che i soldati non erano soltanto dei piastrini di riconoscimento, ma delle anime; comprese che il morale, invece di essere considerato come una fredda, quasi catechistica esercitazione meramente formale, dovesse costituire la preoccupazione costante, la cura assidua di tutti i Capi.*

Benito Mussolini, 1° Marzo 1928.

Pierluigi Romeo di Colloredo Mels è nato a Roma nel 1966.
Archeologo e storico militare, è autore di numerosi lavori sulla storia delle due guerre mondiali e dei conflitti del periodo interbellico, Etiopia e Spagna, e delle unità della MVSN argomento del quale è considerato uno dei maggiori esperti a livello internazionale. Tra i suoi lavori ricordiamo *Luigi Cadorna. Una biografia militare; Camicia Nera! Storia delle unità combattenti della Milizia Volontaria Sicurezza Nazionale dalle origini al 25 Luglio, Südfront. Il Feldmaresciallo Albert Kesselring nella campagna d'Italia 1943- 1945*. Il suo ultimo lavoro è *Vittorio Veneto 1918. L'ultima battaglia della Grande Guerra.*
Ha curato la riedizione di F. T. Marinetti, *Il Poema africano della divisione 28 Ottobre*, B. Pace, *Tembien*, A. Soffici, *Kobilek. Diario di battaglia.*
Collabora con le riviste *Nova Historica*, *Storia in Rete*, *Ritterkreuz* e *Il Primato Nazionale.*

INDICE

PREMESSA

Nel silenzio che circonda il centenario della Grande Guerra- silenzio tutto italiano, come ci si vergognasse di aver vinto! non certo in Francia, in Gran Bretagna, negli Stati Uniti e perfino in Australia e Nuova Zelanda- c'è un silenzio ancora più profondo che riguarda il generale Armando Diaz e la terza battaglia del Piave, meglio nota come battaglia di Vittorio Veneto.
Questo lavoro cerca di colmare le due lacumne integrando un profilo biografico di Armando Diaz, il Duca della Vittoria, con la relazione Ufficiale sulla battaglia compilata dal comando Supremo, un lavoro assai dettagliato e, cosa degna di nota, assai corretto dal punto di vista storiografico, senza troppe concessioni alla retorica ed allo spirito del tempo, tanto che può essere ancor oggi letta con il massimo interesse, cui sono stati abbinati quotidiani bollettini di guerra dal 24 ottobre al 4 Novembre, che della relazione costituiscono indispensabile corollario.
I bollettini, con l'immancabile *Firmato: DIAZ* contribuirono, come già avvenuto con *Firmato: Cadorna*, a rendere popolare la figura del Capo di Stato Maggiore: tanto che non mancarono i bambini battezzati Firmato da chi pensava che questo fosse il nome di battesimo di Diaz!

Quello che Diaz non avrebbe mai pensato è che la sua firma sul Bollettino della Vittoria avrebbe dato il nome a migliaia di nuovi italiani. "Firmato" fu preso per il nome del generale e allo stato civile, nell'euforia di quei giorni, migliaia di italiani chiamarono i loro figli proprio così.La Chiesa non si oppose perchè un san Firmato esiste e si festeggia il 5 ottobre. Del resto, quella dei nomi è una moda. In tempi di affermazione della tv un tale battezzò il figlio Monoscopio. E col successo delle serie tv i nuovi italiani si sono chiamati Geiar, Suelle, Kevin, Micaela, Maicol, Micail, Samantha, Sarah con e senza h finale. In fondo, Firmato aveva un suo fascino[1]

A voler essere fiscali, il nome *Sarah*, con l'h finale, era anche quello della moglie di Diaz, Sarah de Rosa, qualche anno prima del successo delle serie televisive...
Ma torniamo alla Terza battaglia del Piave, o di Vittorio Veneto, come si preferisca.
Una vittoria che veniva ad un anno esatto dopo lo sfondamento tedesco a Plezzo e Tolmino, e la ritirata al piave: ma l'Italia, grazie a molteplici fattori, uno dei principali dei quali fu proprio Diaz, oramai data da alleati e nemici come sull'orlo della disfatta, seppe riconoscersi come Nazione, e riprendersi, bloccare il nemico sul Piave nella battaglia del Solstizio ed infine uscire vincitrice dal conflitto.
Churchill ha scritto che

Nessun popolo, tranne i romani dopo Canne, seppero riprendersi tanto rapidamente da una sconfitta.

E' una pagina che onora qualsiasi popolo, ma c'è chi vuole nasconderla, tanto che

---

[1]E. Pittalis, "Mi chiamo Firmato. Le origini di un nome", in https://www.tapum.it/news/147-mi-chiamo-firmato-l-origine-di-un-nome.html

ufficialmente non si parla più di Vittoria ma... di festa dell'armistizio!
Ci auguriamo con questo lavoro di poter contribuire ad accendere l'interesse su una figura determinante della storia militare dell'Italia del XX secolo come Armando Diaz, e su una battaglia di cui qualcuno si è addirittura spinto a scrivere, senza vergognarsene, che non fu mai combattuta, né fu mai sparato un colpo: ciò malgrado dal 24 Ottobre al 4 Novembre gli italiani ed i loro alleati ebbero 36.498 tra morti e feriti- nell'intera campagna di Grecia del 1940-41 per confronto gli italiani ebbero 20.000 perdite- e gli imperiali 90.000 morti, feriti e dispersi e 426.000 prigionieri. Come scrisse il Times di Londra in quei giorni,

La sobrietà dei comunicati italiani potrebbe far credere in alcuni ambienti che la decima armata al comando di Lord Cavan, abbia effettuato il movimento principale; mentre in realtà la parte principale dell'intero piano fu eseguita dall'ottava armata, al comando del generale Caviglia. Inoltre non dobbiamo dimenticare i duri combattimenti della quarta armata e della dodicesima, ed è giustizia far rilevare che soltanto due divisioni britanniche furono impegnate fra il Brenta ed il mare, e che una sola divisione francese era incorporata nella dodicesima armata al comando del generale francese Graziani.

Ancor oggi è valido quanto scrisse il miglior generale della battaglia, Enrico Caviglia, il comandante dell'8ª Armata:

Così ancora noi ci dilaniamo la ferita di Caporetto, e non esultiamo, come farebbe qualsiasi popolo, per Vittorio Veneto, la grande vittoria riportata dalla intera Nazione sul nemico secolare; l'unica, vera e grande vittoria dalla parte degli Alleati; quella che ha messo fine alla guerra. L'Italia, con un anno di espiazione dopo Caporetto, ha trovato in sè stessa le virtù di redimersi, mentre il nemico gradatamente degenerava. E come il nemico aveva scelto il punto opportuno ed un momento di depressione morale nostra per infliggerci Caporetto, soffrendo egli perdite relativamente leggere, così noi, al momento opportuno, sebbene alquanto tardivo, e nel punto più conveniente, abbiamo vibrato il colpo, che ha travolto nella rovina l'esercito e l'impero degli Absburgo.

Il lavoro è completato dall'ordine di battaglia, forse il più dettagliato pubblicato sino ad oggi, del Regio Esercito e delle unità alleate alla vigila dell'offensiva di Ottobre, e da una cronologia completa dell'ultimo anno di guerra, che permetterà al lettore di avere un inquadramento degli avvenimenti senza bisogno di appesantire il testo, oltre ad una ricca parte iconografica proveniente dall'Archivio di Stato e dell'USSME.

PRdC

IL DUCA DELLA VITTORIA:

ARMANDO DIAZ

Armando Diaz era nato a Napoli il cinque Dicembre 1861, pochi mesi dopo che la città aveva cessato di essere la Capitale del Regno delle Due Sicilie, da una famiglia di militari e magistrati originari di Gaeta, di lontane ascendenze spagnole: i Diaz giunsero in Italia con Carlo III di Borbone nella prima metà del XVIII secolo. Il padre, Lodovico, era ufficiale del Genio Navale, e servì prima nella Real Marina napoletana e poi la Regia Marina italiana, morendo con il grado di colonnello GN quando Armando aveva solamente dieci anni.

Il nonno Antonio era stato "ordinatore di guerra" durante il regno di Ferdinando II; la madre, Irene dei baroni Cecconi veniva da una famiglia nobile di magistrati e professionisti. Lodovico Diaz, dopo aver aver prestato servizio negli arsenali di Genova e di Venezia (di quest'ultimo era stato direttore, con il grado di colonnello), morì nel 1871; la vedova con i quattro figli si stabilì a Napoli, sorretta dalle cure del fratello Luigi, avvocato, vivendo in modesta agiatezza.

Il Diaz compì gli studi elementari in varie scuole private, poi, già orientato alla carriera militare, frequentò la scuola tecnica pubblica, quindi l'istituto tecnico, traendone una solida cultura scientifica e la capacità di scrivere un italiano sobrio e corretto[2]

Frequentata con ottimi risultati l'Accademia Militare, da cui uscì nel 1884 col grado di Tenente d'Artiglieria, seguì i corsi della Scuola di Guerra di Torino, classificandosi al 1° posto ed idoneo al servizio di Stato Maggiore.

Dal 1895 al 1916 la carriera del Diaz si svolse prevalentemente negli uffici del comando del corpo di stato maggiore, ricorda Rochat, dove lavorò per un totale di circa sedici anni, lasciando Roma soltanto per diciotto mesi per comandare un battaglione del 26° reggimento di fanteria, dopo la promozione a maggiore nel Settembre 1899, e per poco più di tre anni nel 1909-12.

A Roma Diaz prestò servizio soprattutto nella segreteria del Capo di stato maggiore dell'esercito, Tancredi Saletta e poi Alberto Pollio: un incarico che non lasciava spazio per studi personali o strategici, ma comportava un confronto quotidiano con la realtà dell'esercito (organici, bilanci, armamenti) e con il mondo politico romano. Si rivelò un lavoratore preciso e instancabile, capace di far funzionare al meglio i servizi dipendenti, affabile e diplomatico nei rapporti esterni; non ostentava interessi politici, ma era bene informato di quanto accadeva in Parlamento e nel paese e in grado di destreggiarsi con gli uomini politici e con gli addetti militari stranieri. Di statura mediobassa, tarchiato ma non pesante, con i capelli tagliati a spazzola e grandi baffi (più tardi ridotti a baffetti), elegante senza esibizioni, di poche e forbite parole, buon conoscitore del francese e sempre disposto a tornare al suo napoletano, autorevole ma non autoritario, esigente ma comprensivo, il Diaz era un ufficiale che lavorava molto e bene senza mettersi in mostra, sempre all'altezza della situazione, con una forza interna che si inseriva senza difficoltà nell'istituzione militare.

2G.iorgio Rochat, "DIAZ, Armando", *Dizionario Biografico degli Italiani*, XXXIX, Roma 1991, s.v.

Armando Diaz

Tenente colonnello dal 1905, nell'Ottobre 1909 il Diaz lasciò Roma perché nominato capo di stato maggiore della divisione di Firenzeo[3]
Nel 1899 Diaz fu promosso maggiore e passò alla fanteria; nel corso di una manovra tenuta nel 1900 venne aspramente criticato dall'allora tenente colonnello di Stato Maggiore Enrico Caviglia perché colpevole di aver fatto transitare la propria truppa a fondovalle anziché sulle alture.
Come fecero i tedeschi a Caporetto...
Il primo Luglio 1910 Diaz divenne colonnello e assunse il comando del 21° reggimento di fanteria *Cremona* a La Spezia, dove seppe accattivarsi l'affetto dei soldati con un regime disciplinare generoso e un attivo interessamento alle loro condizioni di vita. Nel maggio 1912 fu destinato in Libia a sostituire il comandante del 93° fanteria della brigata *Messina*, rimanendo ferito a Zanzur.
Prima di essere trasportato via dai barellieri volle baciare la bandiera del Reggimento.
Dal 1913 Diaz divenne Capo della Segreteria del Capo di Stato Maggiore generale Alberto Pollio, venendo promosso generale nel 1914.
Quando Pollio morì e gli successe Cadorna, Diaz venne riconfermato nell'incarico di segratario del *Generalissimo.*
Nell'Ottobre 1914 Armando Diaz venne promosso maggior generale e gli fu assegnato il comando della brigata *Siena* , ma venne subito richiamato al comando del Corpo di Stato Maggiore come generale addetto. Nel maggio 1915, al momento della costituzione del Comando Supremo dell'esercito mobilitato, in cui era l'ufficiale più elevato in grado dopo Cadorna e il sottocapo C. Pollio, il Diaz vi ebbe la responsabilità del reparto operazioni, che però, malgrado il nome, non si occupava di operazioni (la cui direzione era accentrata nelle mani di Cadorna e della sua piccola segreteria), ma dirigeva l'insieme degli uffici e servizi del Comando supremo e quindi esigeva una visione complessiva della situazione dell'esercito. Diresse l'ufficio con efficienza e piena soddisfazione di Cadorna per oltre un anno, poi chiese di andare al fronte; il 27 Giugno 1916 fu nominato comandante della 49ª divisione di fanteria e subito dopo promosso tenente generale.
Tenne il comando della 49ª divisione per circa 10 mesi, sempre alle dipendenze della 3ª armata, sul Carso o nelle immediate retrovie. Sin dall'inizio dimostrò notevoli capacità professionali e molto impegno nella ricerca dei maggiori risultati con le minori perdite, predisponendo con grande cura l'azione dell'artiglieria e gli assalti della fanteria; e guidò con energia le sue truppe nei sanguinosi combattimenti a nord del San Michele, nel settore di Veliki, conquistando nell'offensiva autunnale l'altura di San Grado di Merna e nel Marzo successivo la dorsale di Voltkoniak con una manovra aggirante.

Per i soldati ebbe sempre un'attenzione costante, controllando personalmente che fossero rispettati i turni tra trincea e riposo e nella concessione delle licenze, che tutto il possibile fosse fatto per assicurare un rancio adeguato e regolare, che nelle retrovie le truppe fruissero di qualche comodità. Non perdeva poi occasione di interrogare i soldati nelle sue frequenti ispezioni alle trincee e di incoraggiarli con poche e commosse parole. Dalla Libia aveva scritto che "tutto il segreto è nell'elemento uomo"; e ora ribadiva: "si comanda col cuore, con la persuasione, con l'esempio". Un atteggiamento che può parere retorico, come altri gesti del Diaz, scrive Rochat, ma che in lui era spontaneo, oltreché piuttosto raro sul Carso, così come la sua riluttanza a punire i soldati per piccole infrazioni (non transigeva invece sull'obbedienza in combattimento ed era severo, anche se sempre cortese, con gli ufficiali). L'interesse per i suoi soldati e l'impegno con cui cercava di

[3]Ibid.

risparmiare le loro vite trovavano un limite nella sua convinta accettazione degli ordini superiori: il tenente G. Paoletti, suo ufficiale di ordinanza, testimonia che il Diaz condusse l'offensiva autunnale verso il San Michele con inflessibile energia, pur ritenendola destinata all'insuccesso. Le truppe in ogni caso risposero appieno alla sua fiducia, seguendolo senza cedimenti in tutta la sua azione di comando[4].

Anche se lo spirito di comprensione e la sensibilità non erano certo le virtù che contavano maggiormente nell'esercito italiano nella prima fase della guerra, Diaz fece rapidamente carriera.
Scoppiata la guerra, gli fu affidato dapprima nel 1916 il comando della 49a divisione di fanteria, operante sul Carso, distinguendosi nella 7a, 8a e 9a battaglia dell'Isonzo, espugnando il Volkovniak e quota 123.
Il sei Aprile del 1917 Diaz assunse il comando interinale del XXIII Corpo d'Armata, che comandò durante la 10a battaglia dell'Isonzo; le truppe di Diaz entrarono in linea ai primi di Giugno nel settore di Castagnevizza e furono subito oggetto di un violento contrattacco austriaco, che respinsero; poi il 19-21 Agosto, nel quadro dell'ultima offensiva italiana sul Carso, conseguirono buoni progressi a sud di Oppacchiasella, e nell'offensiva della Bainsizza, quando conquistò Selo, occupando più terreno degli altri Corpi d'Armata (i suoi Granatieri raggiunsero la punta di massima penetrazione italiana nella battaglia della Bainsizza) ad un prezzo assai minore in termini di vite umane rispetto ad altri Corpi, perdendo 8.800 uomini e facendo 4.400 prigionieri, ed anche a Settembre, trasferito nel settore dell'Hermada, il XXIII Corpo d'Armata si comportò benissimo[5], mantenedo le posizioni conquistate malgrado il ritorno offensivo degli Austriaci. Fu premiato con la croce di commendatore dell'Ordine militare di Savoia; una ferita da palletta da shrapnel al braccio destro, nel corso di una ricognizione in prima linea il 3 Ottobre, gli valse inoltre una medaglia d'argento, conferitagli sul campo dal duca d'Aosta suo superiore diretto come comandante della 3ª Armata:

Comandante di corpo d'armata, durante una ricognizione nelle linee più avanzate rimaneva colpito ad un braccio da palletta di granata a doppio effetto. Vincendo l'aspra sofferenza prodotta dalla ferita, riusciva a dissimulare l'una e l'altra, e procedeva oltre, imperturbato, fino all'esaurimento del proprio compito, occupandosi, con la serenità e l'interessamento consueti, di ogni particolare, e lasciandosi curare soltanto alcune ore più tardi: esempio nobilissimo di forza d'animo e sentimento del dovere.

Diaz dimostrò in queste occasioni di avere una notevole intelligenza strategica, ben superiore a quella dei suoi colleghi.
Sempre Schindler sottolinea come Diaz dimostrò sempre un forte interessamento nei confronti del benessere e della sicurezza della truppa.
Dopo la rotta di Caporetto, durante la quale il XXIII Corpo si ritirò ordinatamente, il Sovrano nominò Diaz Capo di Stato Maggiore, l'otto Novembre.
Due giorni prima, infatti, il 6 Novembre, nel corso del convegno di Rapallo, gli anglo-francesi avevano subordinato l'invio di loro truppe in Italia all'esonero immediato di Cadorna, cui addebitavano ufficialmente l'ampiezza della sconfitta italiana, il disordine della

---

4 Ibid.

5 Sull'inizio della carriera del generale Diaz si veda Luigi Gratton, *Armando Diaz, Duca della Vittoria. Da Caporetto a Vittorio Veneto*, Foggia 2001, pp. 32 segg.

ritirata e il cattivo funzionamento del Comando Supremo, ma che in realtà ritenevano troppo indipendente e di carattere forte; Vittorio Emanuele III e Orlando presero l'iniziativa di chiamare subito il Diaz alla testa dell'esercito, aggiungendogli come sottocapi i generali Gaetano Giardino, già Ministro della Guerra, e Pietro Badoglio, comandante del XXVII Corpo d'Armata, su indicazione rispettivamente del re e di Orlando e Leonida Bissolati. Ciò che è indubbio è che fu Cadorna a condurre la ritirata sul Piave e sul settore del Grappa, ed ad impostare, in condizioni difficilissime, la battaglia d'arresto che bloccò le spinte austro- germaniche, concludendo con un successo italiano il ciclo operativo iniziato a Caporetto.
Non è esagerato dire che fu il capolavoro strategico di Cadorna, che non solo salvò l'esercito e l'Italia dall'annientamento, ma fu il primo passo verso la vittoria finale.
La decisione di Cadorna di difendersi sul Piave, appoggiandosi agli Altipiani ed al massiccio del Grappa riprendeva le idee espresse dallo stesso Cadorna nel congresso di Vicenza ad aprile, e si appoggiava ad una linea da lui già studiata nel caso fosse stato costretto a ritirarsi dall'Isonzo, costringendo l'avversario ad allungare le linee di rifornimento tanto da indebolire in maniera decisiva lo sforzo offensivo, dimostrandosi nell'avversità uomo e condottiero di tempra e forza morale straordinaria, riuscendo a trarre profitto di tutti i fattori positivi di resistenza, riscossa morale ed alla fine di vittoria nella disfatta in cui, in una mano meno capace, tutto l'esercito sarebbe forse andato perduto - e lo si vide in casi analoghi nella Seconda Guerra Mondiale: si pensi, per limitarci al Regio Esercito, al panico di cui cadde preda il Maresciallo Graziani durante l'offensiva di O'Connor in Africa settentrionale nel dicembre- febbraio 1940- 1941, al comportamento di Visconti Prasca in Grecia nell'autunno del 1940, al *Generalissimo*, dicevamo, venne tolto il comando con un atto non soltanto ingiusto, ma anche di grande leggerezza: come ebbe a scrivere il Barone,

> ...Insigne leggerezza, sì. Giacché in chi conosceva i fatti nella lor realtà o sapeva intuirli, in chi aveva la competenza per giudicare ed apprezzare tutta l'opera di organizzatore, di stratega, di vincitore di battaglie del generale Cadorna; in chi era in grado di comprendere e di valutare tutte le eccezionali qualità di cui egli aveva dato prove pure nella catastrofe, era- e doveva essere- saldissima la fiducia che egli avrebbe saputo presto condurre l'esercito alla riscossa e far sorridere di nuovo la vittoria alle nostre bandiere. Togliergli il comando ed affidarlo, in quel momento, in altre mani, fu un salto nel buio[6].

Enrico Caviglia, comandante del XXIV Corpo e più tardi Maresciallo d'Italia non amava Cadorna, di cui sottolineava la mancanza della *sensibilità immediata della situazione*, il considerare la guerra meccanicamente, la mancanza di empatia con le truppe; ma sentì tutta la tragica grandezza del momento. Cadorna aveva preparata la battaglia d'arresto, ma non poté coglierne gli allori:

> ...Egli schierò l'esercito sul Piave in una situazione più solida e più sicura che non fosse quindici giorni prima sull'Isonzo. Nella nuova situazione l'esercito poteva resistere; tutto dipendeva veramente dalle truppe. Ma egli non potè godere della vittoria da lui preparata; della vittoria che cancella tutti gli errori, mentre la sconfitta li esagera.
> Egli si ritirò dal comando dignitosamente, lasciando ai suoi successori un'eredità in cui essi nulla avevano da fare per l'imminente battaglia, se non recarsi in prima linea a farsi conoscere dalle truppe, a rincorarle, a ristabilire la reciproca fiducia fra esse e il comando.

---

6 Enrico Barone, *Storia militare della nostra guerra fino a Caporetto*, Bari 1919, p.221.

Ma la presenza di Cadorna sarebbe stata ancora necessaria per una diversa ragione. In quel momento di crisi e di debolezza, la sua forte figura morale avrebbe mantenuto alto di fronte agli alleati il prestigio del nostro esercito ed imposto ad essi la correttezza ed il rispetto[7].

Al Governo, e soprattutto agli Alleati, serviva dunque un Capo di Stato Maggiore molto più docile e malleabile di quanto non fosse il *Generalissimo*, spigoloso nei rapporti personali e dal carattere granitico.
Prima e dopo Caporetto, fino ad oggi l'opinione pubblica italiana restò totalmente sviata dalla realtà: tutte le responsabilità della sconfitta vennero- e vengono- addossate a Cadorna, tanto che un certo numero di imbecilli si è spinto a chiedere di rinominare le vie dedicate a Cadorna, e qualcuno, come un sindaco di Udine, l'ha anche fatto. Né mancarono molti dei nemici che egli si era creati a dare una parvenza di tecnicismo *a tanti stolti giudizi*[8] ed a diffonderli.
Il Re aveva indirizzato un proclama alla Nazione invitando alla concordia ed alla resistenza:

(...) Come non mai né la mia Casa né la mia gente, fusi in uno spirito solo, hanno vacillato di fronte al pericolo, così anche noi ora guardiamo in faccia all'avversità con virile animo impavido.
Dalla stessa necessità trarremo noi la virtù di eguagliare gli spiriti alla grandezza degli eventi (...)
Italiani, cittadini e soldati!
Siate un esercito solo. Ogni viltà è tradimento, ogni discordia è tradimento, ogni recriminazione è tradimento (...)
Al nemico, che ancor più che sulla vittoria militare conta sul dissolvimento dei nostri spiriti e della nostra compagine, si risponda con una sola coscienza, con una voce sola: tutti siam pronti a dare tutto per la vittoria e per l'onore d'Italia!

Vittorio Emanuele.

Artefice primo della designazione di Diaz era stato il sovrano, che nelle sue visite sul fronte carsico aveva appreso a stimarlo per le sue doti di comandante e la capacità di avere rapporti positivi con i soldati e con i superiori.
I giudizi su Diaz risultarono spesso segnati dal confronto con la figura del Generalissimo, la cui personalità spesso oscurò le capacità militari ed organizzative davvero notevole del successore.
Diaz sebbene assai stimato professionalmente, non era troppo noto al di fuori di una stretta cerchia, ed oltretutto costituiva una novità per l'esercito sabaudo, perché napoletano, in un ambiente dominato da piemontesi.
Ci si chiese, allora e anche dopo, perché Vittorio Emanuele III non avesse nominato Capo di Stato Maggiore il cugino, Emanuele Filiberto, che aveva condotto ottimamente la ritirata al Piave della sua Armata; si è arrivati a parlare di una *gelosia* del sovrano nei confronti dell'aitante duca d'Aosta.
Sono pettegolezzi abbastanza sciocchi, giacché Vittorio Emanuele III, uno dei pochissimi - se non il solo- a conservare il proprio sangue freddo nei giorni della catastrofe, aveva espresso la propria intenzione di abdicare in caso di un'ulteriore sconfitta che se avesse avuto luogo avrebbe sicuramente provocato l'uscita dell'Italia dalla guerra; il sovrano aveva anche deciso che non avrebbe abdicato in favore del figlio Umberto allora

---

7 Caviglia, *La dodicesima battaglia*, cit., p. 207.
8 Barone, *Storia militare*, cit., p.220.

tredicenne, sia per risparmiargli l'onta di firmare una pace umiliante sia perché la situazione che si sarebbe determinata avrebbe richiesto un monarca più energico di un ragazzino: e questi non sarebbe potuto essere che Emanuele Filiberto, secondo nell'ordine di successione al trono; e l'esser sconfitto come Capo di Stato Maggiore in una battaglia decisiva non avrebbe certo reso possibile una tale nomina.

Il Diaz apprese la notizia della sua alta nomina (del tutto inaspettata, per lui e per tutti) il pomeriggio dell'8 Novembre; non esitò e si presentò al Comando Supremo dicendo al tenente Paoletti: *Mi hanno dato una spada spezzata, ma saprò riaffilarla.* E diramò un sobrio ordine del giorno all'esercito:

Assumo la carica di capo di Stato Maggiore dell'esercito e confido sulla fede e l'abnegazione di tutti[9].

Ecco come il colonnello Angelo Gatti, ufficiale della segreteria di Cadorna, descrisse nel suo diario l'avvicendamento tra il *Generalissimo* ed il suo successore, il nove Novembre 1918:

Alle 9,5 [di sera] il Capo, come se nulla fosse, dice a Porro: "andiamo a fare la nostra solita passeggiata" faceva sempre così, dopo mangiato, ai tempi della sua grandezza: fa ancora così oggi, che non è più nulla. Ed ora col suo amico, lasciandoci tutti nel salone, commossi e meravigliati.

Alle 9,30 (poiché deve lasciare il palazzo alle 9,45) ritorna su. In quel momento entra il ministro Bissolati col suo segretario Allamandola. Dal lato della sala, presso lo scalone, si forma un gruppo: Bissolati, Giardino, Marieni, Cadorna, Allamandola, Porro, Diaz, D'Alessandro, mentre noi siamo in disparte.

Non so come, né perché, subito dopo che questi uomini si sono messi così, Cadorna prende a parlare della morte in guerra: poi, subito, dei rischi che ha corso lui.

"Una volta, dai monti Berici, mentre ero in automobile, un aeroplano ha lasciato cadere una bomba che è scoppiata a 20 metri dietro di me lei, Diaz, mi ha detto di aver sentito fischiare le schegge: io non me ne ero nemmeno accorto. L'altra volta, al Dente del Pasubio, un cecchino, da 200 m. di distanza mi ha tirato un colpo, e la pallottola mi è passata a due dita sopra la testa. Ma in guerra si va anche per morire, e ognuno ha il suo destino. Morire, del resto, non è la più terribile cosa: ci sono altre cose più dolorose e più terribili".

Gli altri stanno a guardarlo con gli occhi sbarrati. Egli continua a filosofare sulla morte, come se questa sera, finalmente, sentisse l'immenso bisogno del riposo. Da due giorni, da quando l'hanno destituito, quest'uomo non fa che ritornare col pensiero alla pace, al riposo, all'arte. Pare che tutto ciò che vi era di infantile in quell'anima, che aveva tante parti infantili, e che era costretto giù dal maraviglioso carattere, dalla concezione enorme che si era fatta della vita, di se stesso, della sua missione, adesso venga fuori. Ho visto qualche volta,a Roma, dei giganteschi giovani, accoltellati e morenti, balbettare come bambini "mamma, mamma". Ma Cadorna non balbettava: lasciava sgorgare fuori queste memorie, come per trovare dentro di sé il rimedio al male che gli uomini gli avevano fatto. Chiuso in sé, ancora una volta, trovando in sé la forza per sé.

E viene il momento di partire Saluta tutti. Bissolati gli dice: "Eccellenza, io le sono grato come italiano di aver fatto questo sogno e di aver portato la patria in pugno così". Gli risponde Cadorna: "Grazie: lei sa quanto rispetto ho sempre avuto per lei". A Diaz dice: "Le faccio gli auguri: e questi auguri vadano al di là di lei a tutto l'esercito, a tutta l'Italia". Poi, ad uno ad uno, saluta tutti, stringe la mano a tutti A me, che gli ho promesso, appena finita la guerra, quando potrò lasciare l'esercito, di mettermi a sua disposizione, per fare la sua storia, stringe la mano dicendomi: a rivederci.

---

[9]Rochat, cit.

(...) Tutti discendiamo abbasso, sotto l'androne dove l'automobile attende. Gabba solo sale con lui. Vedo Bissolati, che alza alto il cappello, come a un grande morto: bravo Bissolati! C'è Porro, a testa nuda, addolorato e fiero anch'egli brav'uomo, in tutta l'estensione della parola! C'è Diaz, che torna col suo passo pesante, grosso e la piccola, fine, testa, e Giardino un po' indifferente e scettico...

Un mondo è finito, crollato, sprofondato. Comincia un'altra epoca[10].

Rino Alessi, corrispondente del *Secolo* di Milano, che fu presente, scrisse al suo editore che

In quel mentre che aprivo la porta per attraversare il salone di accesso alle scale, si è udita una voce acutissima, quella del generale Petitti di Roreto, il quale a uno stuolo di alti ufficiali del vecchio e del nuovo Comando, diceva testualmente: "Signori miei, giuro sulla mia coscienza che un uomo solo poteva ancora salvare l'Italia: Luigi Cadorna". Non so dirle quello che è avvenuto poi. Le scene più strazianti si sono ripetute in ogni camera del palazzo da Zara. Con la dipartita di Cadorna, ognuno che non si fabbrichi illusioni, sente che è il sogno più bello e generoso dell'Italia che finisce per sempre. Adesso potremo avere degli uomini d'ingegno più o meno pronto: ma di caratteri come quello no![11]

Quando Diaz sostituì Cadorna nella carica non mancarono forti perplessità ed aspre critiche, tuttavia la sua nomina segnò una svolta per il Regio Esercito.
Diaz, a differenza del predecessore, di cui pur non aveva le capacità militari veramente fuori dall'ordinario, aveva constatato di persona ciò che i soldati avevano vissuto sulla propria pelle nel corso delle battaglie dell'Isonzo, e di conseguenza, conosceva i motivi che avevano condotto alla disfatta così rapida delle truppe di Capello.
Come scrive Giorgio Rochat,

Un bilancio del suo operato come comandante in capo dell'esercito italiano nell'ultimo anno di guerra non è facile, perché la tradizione e la bibliografia offrono soprattutto contributi celebrativi, consolidati dalle esigenze propagandistiche del regime fascista. Il Diaz e i suoi diretti collaboratori non lasciarono testimonianze né studi su questo periodo, mentre generali illustri come E. Caviglia e G. Giardino rivendicarono la loro parte nella vittoria con polemiche forzatamente reticenti e cifrate. I maggiori studiosi della guerra italiana, come P. Pieri e R. Bencivenga, hanno concentrato la loro attenzione sul periodo cadorniano; e la relazione dell'Ufficio storico dello stato maggiore dell'esercito è giunta ad affrontare l'ultimo anno di guerra solo a cinquant'anni dai fatti. In sostanza, mancano ancora studi di respiro sul Comando supremo del Diaz, anche se disponiamo di pagine e giudizi interessanti e di buoni contributi di sintesi su singoli problemi, in particolare sulle grandi battaglie[12].

Anche se ora si può aggiungere l'ottimo studio del gen. Luigi Gratton, da noi già citato.
Le passate esperienze di Diaz, unite ad una valida preparazione ed ad un calore umano sconosciuto al Cadorna, oltre che ad un vero interesse per i bisogni della truppa, cui si univa una buona capacità militare, seppure non all'altezza di quella del predecessore, permisero al nuovo Capo di stato Maggiore di prendere rapidamente in mano la

---

10 Ibid., pp. 273- 274.

11

[11] Rino Alessi, lettera all'ing. Pontremoli, Treviso , 9 Novembre 1917 (ore 20), in Alessi, *Dall'Isonzo al Piave*, cit., pp. 162- 163.

[12]Ibid.

situazione, procedendo per prima cosa alla riorganizzazione dell'esercito, del Comando Supremo, instaurando con i dipendenti comandi un clima di collaborazione e di fiducia ben diverso da quello del periodo precedente; Diaz inoltre riuscì ad utilizzare con eccellenti risultati le capacità dei due Sottocapi nominati dal governo in quei giorni, Gaetano Giardino- già ministro della Guerra- e Pietro Badoglio, buon organizzatore su cui però gettava non poche ombre la condotta tenuta ad Ottobre come comandante del XXVII Corpo.

Giardino si sarebbe occupato delle operazioni militari, e Badoglio del riordinamento delle unità logorate e quasi distrutte dalla ritirata; Diaz avrebbe in ogni caso deciso sulle questioni di rilievo.

Armando Diaz, a dispetto della bonomia e della cordialità apparenti era ben lungi dall'essere debole o malleabile, sapeva esser tanto ferreo quanto il predecessore, come si accorse il presidente del Consiglio Orlando quando il 15 Novembre cercò di far schierare l'esercito sulla linea del Mincio, dicendosi sicuro che gli austro- tedeschi avrebbero travolto le difese sul Piave.

Con l'ausilio di Badoglio e Giardino, dunque, Diaz s'accinse al compito grandioso di ricreare un esercito efficiente, e, nel frattempo, le truppe rimaste arrestavano gli imperiali nel corso della battaglia d'arresto.

Scrive Rochat che, in sintesi, la scelta di una strategia difensiva era sostanzialmente obbligata fino al Settembre 1918. Merito del Diaz fu di condurla con intelligente fermezza e di approfittare del rallentamento delle operazioni e della disponibilità di nuovi mezzi per riorganizzare l'esercito. Fu certamente positiva la proclamazione dell'inscindibilità della divisione, pedina base della condotta dei combattimento (così come il battaglione a un livello inferiore); semmai la decisione giungeva in ritardo (negli altri eserciti era stata fatta nel 1915) e non fu sviluppata fino ad arrivare alla divisione ternaria (cioè su tre reggimenti di fanteria, anziché sui quattro che la rendevano assai pesante). Positive furono anche la redistribuzione dell'esercito in sei armate di medie proporzioni e l'emanazione di nuove norme per le operazioni, che sulla base della dura esperienza prevedevano soltanto battaglie adeguatamente preparate e condannavano le azioni locali senza mezzi sufficienti e le costose offensive dimostrative Complessivamente insufficienti invece gli sforzi per un migliore addestramento delle truppe, anche perché all'efficienza degli ufficiali superiori forgiatisi nella guerra corrispondeva uno scadimento della media dei quadri inferiori, troppo giovani e inesperti. Deludente infine l'esperienza del corpo d'armata d'assalto, che cercava di replicare su grande scala, senza un adeguato potenziamento dei mezzi offensivi, l'eccellente rendimento negli assalti brevi della nuova specialità degli arditi.

Quanto al governo dei quadri, la contrapposizione tradizionale tra i siluramenti indiscriminati di Cadorna e la gestione umana e ragionevole del Diaz non sembra felice. Indubbiamente Cadorna non aveva avuto la mano leggera e nei molti esoneri da lui effettuati o avallati (217 generali, 255 colonnelli, altri 400 ufficiali superiori) si contano non pochi abusi o errori; ma l'eliminazione dei tanti ufficiali incapaci di adeguarsi alle durissime esigenze del conflitto era una necessità innegabile e i suoi effetti furono in sostanza positivi, tanto che il Diaz ereditò alti comandi (generali e colonnelli) complessivamente all'altezza della situazione, senza alcun dubbio più capaci di quelli del 1915 e non inferiori a quelli francesi o inglesi. Non ha quindi senso confrontare quantitativamente gli esoneri nei diversi periodi della guerra, perché avevano luogo in condizioni sempre diverse. In ogni caso gli esoneri di alti comandanti disposti direttamente dal Diaz o da lui avallati non furono pochi, anche se meglio accolti dall'opinione pubblica. In realtà la sua

immagine tradizionale di comandante paterno e comprensivo è vera solo a metà: il suo fattivo interessamento per le condizioni di vita dei soldati, ad esempio, non implicava alcun allentamento della disciplina, né la sua consapevolezza della stanchezza delle truppe e della pesantezza dei sacrifici loro imposti comportava alcuna tolleranza verso gesti di protesta o rivolta. Nell'ultimo anno di guerra i tribunali militari continuarono a lavorare con il ritmo e i metodi dei tempi di Cadorna.
Per quanto riguarda i rapporti con la politica, prosegue Rochat,

Sin dall'inizio del suo comando si era proposto di curare di persona i rapporti con il re, il governo e il mondo politico; a ciò lo predisponeva la sua lunga esperienza prebellica e la sua convinzione della necessità di una collaborazione di tutte le energie disponibili. Con il re, che Cadorna aveva tenuto a distanza, ebbe contatti frequentissimi: si recava da lui a pranzo due volte la settimana e gli faceva visita anche più spesso quando c'erano novità. Con Orlando si incontrava tre o quattro volte al mese, al Comando supremo o a Roma, con lunghi colloqui che assicuravano unità d'azione nella difficile situazione. Il Diaz aveva accolto senza obiezioni la costituzione di un Comitato di guerra di sette ministri, in cui i capi di stato maggiore dell'esercito e della marina avevano soltanto voto consultivo; e riceveva, o andava a trovare nei suoi viaggi a Roma, ministri e uomini politici influenti (in particolare F. S. Nitti, ministro del Tesoro, che veniva dal suo stesso ambiente napoletano e molto si dava da fare per appoggiarlo), senza intromettersi nei contrasti interni alla maggioranza governativa, ma per illustrare le esigenze dell'esercito e il suo operato. Tutta questa disponibilità non implicava una eccessiva arrendevolezza alle istanze politiche: egli non discuteva il primato del governo e la necessità di un'ampia e continua collaborazione, anche per migliorare l'immagine del Comando supremo dinanzi al mondo politico ed al paese, ma non accettava ingerenze nel suo campo di responsabilità, con un'interpretazione più elastica, ma non meno netta di quella di Cadorna sulla distinzione di sfere tra potere politico e potere militare; come è noto, nel Settembre 1918 egli respinse energicamente gli inviti di Orlando ad attaccare l'esercito austro-ungarico di cui si profilava la crisi, rivendicando a sé soltanto, la condotta delle operazioni, tanto da tenere inizialmente il governo all'oscuro della preparazione dell'offensiva cui si era infine deciso. Anche con gli alleati franco-britannici ebbe buoni rapporti: non era sensibile come Cadorna alla necessità di una condotta unitaria della guerra di coalizione e rifiutò sempre di sferrare offensive senza altro obiettivo che l'alleggerimento indiretto del fronte francese, ma seppe dare un'impressione positiva di sicurezza e volontà di collaborazione e stabilire proficui contatti a livello di stati maggiori[13].

I bollettini di guerra, ora firmati da Diaz, cominciavano a riportare notizie positive: gli italiani non solo non si ritiravano più, ma resistevano sul Grappa, sugli Altipiani, lungo il Piave: vale la pena di riportarli.

Bollettino di guerra del 12 Novembre:

Il giorno 11 Novembre sull'altopiano d'Asiago, il nemico ha iniziato nel pomeriggio l'attacco delle nostre linee nel tratto Gallio, Monte Longara, quota 1674 di Meletta di Gallio. L'azione avversaria fallì completamente sotto il nostro fuoco di artiglieria e di fucileria; all'estremità nord del fronte d'attacco, dove si ebbe un'accanita lotta della nostra fanteria, che riuscì perfino a contrattaccare, catturando qualche prigioniero.
Sul restante fronte montano, in azioni di contatto con avanguardie avversarie, le nostre truppe più avanzate resistettero ovunque validamente.

DIAZ

---

[13]Ibid.

Bollettino del 13 Novembre:

Sull'altopiano di Asiago, la notte del 11-12, il nemico, con rinnovate e maggiori forze, ritentò l'attacco sul fronte Gallio Monte Longara-Melette di Gallio. Dopo aspra lotta, l'avversario in un definitivo contrattacco, fu respinto con gravissime perdite. Si distinsero per la grande bravura, validamente sostenuti dalle artiglierie di tutti i calibri, il 9° reggimento di fanteria (Brigata *Regina*) e il battaglione alpini *Verona*.
Nel pomeriggio del 12, intensi movimenti nemici, a preparazione di un nuovo attacco, furono efficacemente battuti dalle nostre artiglierie e fermate. Presso Canove (ovest di Asiago), il XVI Reparto di Assalto attaccò un reparto nemico catturandolo e liberando alcuni nostri militari fatti prigionieri in azioni precedenti.
Dal Brenta al Basso Piave, le armate nemiche, la cui avanzata nei giorni scorsi è stata trattenuta soltanto da azioni di retroguardie e arrestata da interruzioni stradali, ponti fatti saltare, ecc. sono venute via via occupando il terreno da noi sgombrato e si trovano ormai a contatto con le nostre linee di schieramento. A monte di S. Donà di Piave, all'alba di ieri, nuclei nemici, mediante barconi, riuscirono a passare sulla destra del fiume a Zenson per costituirvi una testa di ponte. Prontamente circondati dai nostri, furono cantrattaccati e respinti verso l'argine sinistro del fiume

DIAZ

Bollettino del 14 Novembre:

All'alba del 13, il nemico, dopo breve ma intensa azione di artiglieria, tentò un violento colpo di mano contro le nostre posizioni dal Lago di Ledro al Garda. L'attacco fallì per la valida resistenza opposta dai nostri che obbligarono il nemico a ritirarsi. Sull'altopiano di Asiago, nella notte del 13, le truppe occupanti le posizioni avanzate di Monte Longara, dopo aver respinto un quarto e più formidabile attacco nemico, furono ritirate sulle retrostanti linee di resistenza. Nel pomeriggio dello stesso 13, l'avversario dalle alture a sud di Gallio puntò sul Monte Sisemol, ma fu respinto.
Dalla regione di Asiago alla Valsugana, nostri posti avanzati hanno sostenuto vivaci combattimenti col nemico proveniente dal fronte Piana di Marcesina-Monte della Forcellona-Monte Lisser.
Tra il Brenta e il Piave il nemico occupa la linea Tezze-Lamon-Fonzaso-Arten-Feltre. In lotte parziali, nostri nuclei di copertura a Tezze ed agli ex forti di Cima di Campo e di Cima di Lan hanno opposto valida difesa.
Lungo il Piave, l'attività combattiva è andata aumentando: le opposte artiglierie svilupparono intensa azione di fuoco; tentativi nemici di passare il fiume tra Quero e Fener, a S. Donà di Piave e a Intestadura furono sventati con gravi perdite per l'avversario; si combatté vivacemente alle Grave di Papadopoli e a Zenson, dove la nostra controffensiva è continuata, ma non è riuscita a far sloggiare completamente l'avversario.
A Grisolera nuclei nemici poterono infiltrarsi nella zona paludosa tra Piave e Vecchio Piave, dove però sono contenuti.

DIAZ

Bollettino del 15 Novembre:

Nella notte, prima dell'alba del 14, il nemico attaccò il tratto Sisemol-Meletta Davanti, ma fu respinto; il mattino portò l'attacco più a nord, sul tratto Meletta-Davanti-Monte Fior-Monte Castelgomberto; respinto, rinnovò l'attacco la sera con maggiori forze e violenza, ma fu nuovamente respinto. Colonne che avanzavano a ventaglio dal Lisser verso il fronte Frisoni-Confluenza del Cismon nel Brenta furono arrestate dal nostro fuoco di artiglieria. Fra Cismon e Piave le nostre

truppe. avanzate trattennero il nemico attaccante.
A Monte Roncon un suo attacco fu respinto, un altro sferrato in direzione. della stretta di Quero ebbe pari sorte: una da Monte Tomatico i nostri ripiegarono, dopo buona resistenza, nelle posizioni retrostanti. Nella pianura, tutti i tentativi nemici di passare il Piave furono sventati; i reparti che avevano già attraversato il fiume nei giorni precedenti furono rinserrati sempre più nell'ansa di Zenson e nel tratto fra Piave e Piave vecchio, dove furono contrattaccati dalle nostre fanterie e battuti dalle nostre batterie coadiuvate dalle artiglierie di marina, che inoltre respinsero cinque siluranti nemiche presentatesi dinnanzi a Cortellazzo.

DIAZ

Bollettino del 16 Novembre:

Il giorno 15, gli attacchi nemici dall'altopiano di Asiago al Piave si fecero più intensi e più violenti; ma i nostri, sostenuti dall'artiglieria, resisterono ovunque con grande bravura e contrattaccarono con coraggio, infliggendo al nemico perdite e catturandogli prigionieri. Tutte le posizioni attaccate rimasero in nostro possesso. Si distinsero per il loro valore, alla Meletta Davanti e al Monte Fior, le truppe della brigata *Regina* (9° e 10°) e a Monte Tondarecar il battaglione alpini *Monte Marmolada*, che respinse tre attacchi consecutivi. Agli sbarramenti di San Marino in Val Brenta reparti avversari furono ricacciati con gravi perdite; al Monte Prassolan il reparto ripiegato da Monte Roncone, ricevuti rinforzi, contrattaccò e respinse l'avversario che lo aveva premuto nel ripiegamento; al Monte Cornella la brigata *Como*, con tenacia e mirabile slancio, resisté vittoriosamente al formidabile sforzo dal pomeriggio alla mezzanotte.

DIAZ

Bollettino del 17 Novembre:

Il giorno 16, da Asiago al mare il nemico, non badando a perdite, rinnovò gli attacchi alle nostre posizioni montane e fece diversi tentativi di forzare nella pianura il Piave. Le nostre truppe con pari tenacia opposero al nemico, di molto superiore come numero, una valida difesa e lo contrattaccarono con mirabile slancio. Si combatté dal Monte Fior a Castelgomberto, dallo sbarramento di San Marino al Monte Prassolan e a nord di Quero, lungo la linea Rocca-Cisa- Monte Cornella-fondo valle Piave.
Nel piano, tra Salettuol e Sant' Andrea di Barbarana, l'avversario sforzò all'alba il passaggio del fiume: sotto la protezione di violentissimo fuoco di artiglieria le sue truppe passarono sulla destra a Follina e a Fagarè. Le prime furono annientate dalla nostra artiglieria e da un fulmineo contrattacco della brigata *Lecce* (265° e 266°); i superstiti ? oltre 300 con 10 ufficiali ?fatti prigionieri. Contro di quelle, molto più numerose, passate alla seconda località fu rivolta l'azione decisiva e poderosa della 54a divisione, le cui truppe, brigata *Novara* (153° e 154°) e 3° bersaglieri (17° e 18°) gareggiarono in bravura. Alla fine della giornata restavano sul terreno numerosi cadaveri di nemici; erano condotti prigionieri circa 600 soldati e 20 ufficiali, e i rimanenti, addossati all'argine del fiume furono battuti dalle artiglierie, che ne ostacolavano il ritorno sull'altra sponda. Nell'ansa di Zenson il nemico fu contenuto in zona sempre più ristretta.

DIAZ

Bollettino del 18 Novembre:

Nella notte del 17 il nemico, volendo forzare la linea Sisemol Castelgomberto, attaccò in direzione di Monte Zomo per ben quattro volte e con grande violenza, ma fu sempre nettamente respinto dalla brigata *Liguria* (157° e 158°). Più a nord, in direzione di Casera Meletta- Davanti, nostri

reparti del 127° Fanteria (brigata *Perugia*) riconquistarono alcuni elementi avanzati perduti nei giorni scorsi.
Tra Brenta e Piave la pressione avversaria ci costrinse ad abbandonare qualche posizione con ordinato ripiegamento, dopo accanita resistenza e brillanti contrattacchi.
Lungo il Piave, con una travolgente avanzata, riparti del 268° fanteria (brigata *Caserta*) in unione ad elementi di altri corpi hanno completamente sgombrato dal nemico la zona di Fagarè. Il 13° fanteria (brigata *Pinerolo*), respinto sanguinosamente un attacco tentato dai nemici rinserrati a Zenson li ha ricacciati sempre più dentro nell'ansa del fiume. Tentativi di passaggio eseguiti in altre località, furono immediatamente sventati.

DIAZ

Bollettino riassuntivo di quattro giorni del 22 Novembre:

Il 18 violenti concentramenti di fuoco nemico sulla nostra linea Tondarecar-Monte Badenecche. Nostre parziali riprese offensive rioccuparono elementi avanzati di trincee e fecero diversi prigionieri. A sud di Quero, l'avversario attaccò le nostre posizioni del Monte Tomba e del Monfenera. Queste ultime, tenute dai resti dei sei Reparti d'Assalto della II Armata, furono teatro di lotte sanguinose in cui il nemico ebbe sempre la peggio. Il piano il nemico non riuscì a rinnovare alcuni tentativi di passaggio del Piave per la vigilanza delle nostre truppe, tra le quali, per il valore dimostrato nei giorni precedenti, il Comando Supremo menzionava i battaglioni bersaglieri 64°, 68° e 69°, il XXI Reparto d'Assalto e reparti delle brigate *Granatieri* (1° e 2°) e *Catania* (145° e 146°). (...)
Durò per tutta la giornata del 19 la lotta sanguinosa iniziata il 18 sulla linea Monte Tomba-Monfenera e condotta dal nemico con due scelte divisioni, una germanica di *Jäger* della Guardia, forte di 12 divisioni, l'altra austriaca, la 50a, forte di 16 battaglioni. Fronteggiarono da parte nostra un urto così formidabile la brigata *Basilicata*, un battaglione del 60° fanteria, un battaglione di alpini, il 3° bersaglieri e quattro batterie. Quattro volte, dopo violentissima preparazione di fuoco, il nemico andò all'assalto ma fu sempre ricacciato. Nei nostri irresistibili contrattacchi furono generosamente impiegate le *Fiamme Nere* del colonnello BASSI che riconfermarono sul Monfenera la loro fama di insuperabili assaltatori.
Nel pomeriggio del 20 il nemico attaccò violentemente Monte Pertica per tre volte, ma fu respinto con gravi perdite. Il 21 l'avversario sferrò parecchi attacchi tra Brenta e Piave; fu respinto alla baionetta allo sbarramento di San Martino, dove lasciò nelle nostre mani prigionieri e mitragliatrici; ed al Monte Pertica, dove inutilmente attaccò per ben tre volte. Fu nettamente arrestato dal fuoco di artiglieria al Monfenera; raggiunse alcuni elementi staccati della nostra linea avanzata sul Ronte Fontana Secca.
Nelle prime ore della notte sul 22, sull'altopiano d'Asiago masse nemiche attaccarono violentemente le nostre posizioni di Casera Meletta-Davanti; ma le nostre truppe, con eroica resistenza e pronto contrattacco, le ricacciarono nelle posizioni di partenza.

DIAZ

Erano entrate in linea anche le nuove reclute della classe '99, che si battevano benissimo alle quali il Comando Supremo rivolse il seguente encomio:

I giovani soldati della classe 1899 hanno avuto il battesimo del fuoco. Il loro contegno è stato magnifico e sul fiume che in questo momento sbarra al nemico le vie della Patria, in un superbo contrattacco, unito il loro ardente entusiasmo all'esperienza dei compagni più anziani, hanno trionfato. Alcuni battaglioni austriaci che avevano osato varcare il Piave sono stati annientati: 1200 prigionieri catturati, alcuni cannoni presi dal nemico sono stati riconquistati e riportati sulle posizioni che i corpi degli artiglieri, eroicamente caduti in una disperata difesa, segnavano ancora. In quest'ora, suprema di dovere e di onore nella quale le armate con fede salda e cuore sicuro arginano sul fiume e sui monti l'ira nemica, facendo echeggiare quel grido viva l'Italia che è sempre stato squillo di vittoria, io voglio che l'esercito sappia che i nostri giovani fratelli della classe 1899 hanno mostrato d'essere degni del retaggio di gloria che su loro discende

Le giovani reclute della classe 1899 e 1900 avevano un morale elevatissimo e si batterono splendidamente, anche perché impiegati spesso in reparti formati esclusivamente da militari giovanissimi.
Fino all'Ottobre del 1917 le nuove leve erano state sempre inquadrate nei reggimenti allo scopo di colmare i vuoti lasciati dalle perdite[14], e come scrisse Omodeo,

A contatto col veterano, valoroso ma pessimista, spesso cinico, che si sentiva ormai sacro alla morte ed era disposto a irridere a tutto, l'entusiasmo giovanile si contraeva, si smarriva[15].

Nei mesi seguenti alla XII battaglia dell'Isonzo ed alla conseguente ritirata il Comando Supremo ordinò la costituzione di reparti omogenei formati solamente dalle reclute della classe '99, allo scopo di evitare che una volta inquadrati in reparti già esistenti i giovanissimi militari potessero venire contagiati dal *disfattismo* dei reduci della ritirata.
I primi reparti di *ragazzi del '99* arrivarono in linea già nel Novembre del 1917; l'effetto morale di questa immissione di truppe fresche ed altamente motivate fu notevolissimo sia nei confronti degli italiani[16] che degli austriaci, che si trovarono improvvisamente di fronte truppe molto più combattive e motivate di quanto non fosse avvenuto precedentemente.
Anche dal punto di vista tecnico questa costituzione di reparti di diciottenni ed il loro impiego organico al fronte ebbe conseguenze rilevanti, poiché per la prima volta ufficiali veterani del fronte poterono esercitare l'azione di comando su truppe fresche, motivate e non contaminate dal pessimismo dei veterani dell'Isonzo[17].
Ma continuiamo con i bollettini, che costituiscono un'eccellente sintesi della battaglia difensiva che sarebbe poi divenuta nota come Prima battaglia del Piave:

Bollettino del 23 Novembre:

Il giorno 22 sull'altopiano di Asiago, il nemico, puntando da nord sul fronte Monte Tondarecar?Monte Badenecche, e ad ovest su quel di Monte Castelgomberto?Casera Meletta Davanti, tentò l'attacco avvolgente del caposaldo delle Melette. L'azione, preceduta da largo getto di granate a gas lacrimogeni, fu condotta con estrema violenza da ingenti forze sempre rinnovate con altri uomini e appoggiate da intenso fuoco di artiglieria. I nostri reparti della I Armata, con una coraggiosa resistenza e continui contrattacchi riuscirono a tenere saldamente tutte le posizioni e a respingere l'avversario con perdite gravissime, catturandogli 9 ufficiali e 181 uomini di truppa.
Tra Brenta e Piave, con violentissimo tiro di artiglieria, seguito dall'avanzata di dense ondate di fanteria, il nemico, all'alba, rinnovò l'attacco. La lotta diventò aspra e si protrasse l'intera giornata. Molte posizioni furono più volte perdute e subito riprese dalle truppe della IV Armata che gareggiarono tutte in aggressività e bravura. Sul far della notte gli ultimi contrattacchi arrestavano

14 Pietro Melograni, *Storia politica della Grande Guerra*, Milano 1998 p. 501
15 Adolfo Omodeo, *Momenti della vita di guerra. (Dai diari e dalle lettere dei Caduti)*, Bari 1934, p.132.
16 Melograni, *Storia politica*, cit., p.502.
17 Ibid.; Colloredo, *Solstizio*, cit., p. 67.

definitivamente l'avversario, al quale, anche da questa parte, la giornata di ieri è costata perdite ingenti.

DIAZ

Bollettino del 26 Novembre:

Il giorno 23, poderose puntate avversarie sul fronte montano dall'altopiano di Asiago al Piave, largamente preparate da tiro di artiglieria e tenacemente eseguite, fallirono tutte.
Nuclei che tentavano di passare il Piave in barca furono rovesciati nel fiume a cannonate. Il 24 sull'altopiano d'Asiago, le tenaci truppe della I Armata, che da dieci giorni senza aver ceduto un palmo di terreno lottavano per la difesa del caposaldo delle Melette, respinsero parecchi attacchi nemici e contrattaccarono vittoriosamente.
Il 25, masse avversarie, sostenute da formidabile fuoco di artiglieria, ritentarono l'attacco delle nostre posizioni fra Brenta e Piave. Alla nostra sinistra, lo sforzo nemico, diretto sulla zona di Monte Pertica, fu prontamente infranto e ad ogni nuovo tentativo corrispose preciso e micidiale il nostro contrattacco.
A Tasson il battaglione alpino *Monte Rosa* decimò gli assalitori. Al centro, dove la pressione avversaria fu più energica, rifulse il valore della 56a divisione: le colonne avversarie, che da nord-ovest e da nord puntavano con ostinato accanimento su Monte Casonet, Collo dell'Orso, Monte Solarolo e Monte Spinoncia, furono falciate dal fuoco, poi ripetutamente affrontate con furiosi contrattacchi e definitivamente respinte. Più di 200 prigionieri restarono in mano dei nostri. Alla destra l'attacco nemico si manifestò dalle pendici orientali del Monfenera. Le ondate d'assalto, arrestate dapprima con fuoco d'artiglieria, vennero poi più volte contrattaccate e respinte dai nostri bravi alpini. Furono fatte alcune diecine di prigionieri.

DIAZ

Bollettino del 27 Novembre:

Nel pomeriggio del 26, il nemico, dopo aver battuta con furioso bombardamento la nostra posizione di Col della Berretta, ad est della Val di Brenta, vi lanciò contro con attacco in massa le fanterie di un'intera divisione. La lotta si svolse accanitissima e i difensori, isolati da un violentissimo fuoco d'interdizione, avrebbero forse dovuto finire col soccombere al numero e alla violenza degli attaccanti, se i loro rincalzi, fieri siciliani della vecchia e gloriosa brigata *Aosta* (5° e 6° reggimento fanteria), reparti del 94° fanteria (brigata *Messina*) e del battaglione alpini *Val Brenta* non fossero accorsi tempestivamente. Attraversata di slancio la zona mortale, le nostre brave truppe piombarono con impeto irresistibile sull'avversario e, travolgendolo, lo obbligarono a ritirarsi con gravissime perdite e lasciando molti prigionieri.

DIAZ

La battaglia continuò sino a Dicembre, ma le linee italiane tennero.
Il 29 Novembre il generale Ludendorff comunicò al comando supremo austro- ungarico a Baden il desiderio tedesco di

Por fine alla nostra comune offensiva: come annotò nelle sue memorie, al principio di Dicembre [in realtà il 29 Novembre], dopo un colloquio con il generale von Krafft, mi restò l'impressione che nulla più c'era da aspettarsi da una ripresa dell'operazione oltre Piave. Perciò proponemmo al generale von Arz di ordinare la cessazione dell'offensiva e di tener pronte le truppe tedesche che dovevano ritornare sul fronte occidentale.

Al parere del Quartiermastro Generale si unì anche von Below, insistendo per por termine definitivamente all'offensiva, oramai priva di slancio.
La leggenda vorrebbe che a salvare gli esausti italiani siano stati inglesi e francesi: ciò è tuttora ripetuto, soprattutto in Inghilterra; invece la realtà è del tutto diversa[18].
Le prime truppe alleate cominciarono ad affluire in Italia il 30 Ottobre, venendo dislocate sul Mincio, poiché non si aveva alcuna fiducia nella capacità di resistenza italiana, e occorrevano truppe addestrate e fresche pronte ad intervenire in caso di un ulteriore crollo della resistenza italiana..
Il generale Diaz richiese l'impiego di inglesi e francesi sul Piave, ma i comandi alleati non vollero che le loro truppe fossero poste sotto comando italiano.
Gli italiani combatterono dunque da soli, sinché gli inglesi non si vergognarono di restare in attivi mentre gli italiani si battevano, ed alla fine di Novembre, dopo la fine della prima fase della battaglia d'arresto, chiesero di essere impiegati sul Montello.
Di conseguenza anche i francesi richiesero ufficialmente di combattere, e il Capo di Stato Maggiore li inviò sulle pendici orientali del Grappa, dove entrarono finalmente in linea tra il 4 ed il 5 Dicembre sul Monte Tomba.
Lla fermezza di Diaz ebbe ragione della boria alleata senza polemiche controproducenti o trattative umilianti .
Nel frattempo, le truppe italiane più provate nell'estenuante difesa vennero sostituite con truppe fresche e complementi della classe '99.
Il 14 Dicembre l'11. *Armee* austriaca dette inizio alla seconda fase della battaglia attaccando le Melette con una forza formata da 43 battaglioni di fanteria e cinquecento bocche da fuoco, impadronendosene.
Le difese italiane ripiegarono sulla linea Col d'Echele- Col del Rosso- Monte Valbella.
Sul Grappa la 14. *Armee* tedesca riprese l'offensiva catturando dopo una feroce lotta Col della Berretta, Col Caprile, Monte Asolone e lo Spinoncia.
Si trattava però di successi limitati, e non poterono venir sfruttati per la caparbia resistenza della difesa della 4a Armata italiana; un ultimo attacco effettuato il 19 Dicembre non ottenne alcun risultato.
Scrisse l'allora tenente Erwin Rommel che

> I fucilieri da montagna ebbero di fronte nella zona del Grappa truppe italiane che si batterono benissimo e seppero sotto ogni punto di vista compiere il loro dovere. Là non poterono essere conquistati successi come presso Tolmino [19].

Anche il generale Krafft von Dellmensingen dovette ammettere che con la battaglia d'arresto

> Si fermò, a breve distanza dal proprio obiettivo, l'offensiva ricca di speranze, e il Grappa diventò il Monte Sacro degli italiani, i quali a buon diritto possono andare fieri d'averlo difeso vittoriosamente contro gli sforzi delle migliori truppe austro- ungariche e dei loro camerati tedeschi.

Un ultimo sussulto dell'offensiva austriaca si ebbe nel settore dei Sette Comuni il giorno

---

18 Lord Cavan, comandant delle truppe britanniche in Italia sottolineò sempre come solo gli italiani fermassero sul Piave l'offensiva austro- germanica.

19 Erwin Rommel, *Infanterie greift an!*, cit., (p.309 della tr.it.).

di Natale, ma già cinque giorni dopo, il 30 Dicembre gli *Chasseurs des Alpes* della 47a divisione francese occuparono la dorsale tra Monte Tomba ed il Monfenera.
L'azione degli *Chasseurs* fu assai esaltata dalla propaganda, desiderosa di mostrare all'opinione pubblica italiana come gli alleati non avessero lasciata sola l'Italia, anche se Krafft von Dellmensingen scrisse ironicamente che

Dopo la relativamente facile conquista di tale posizione, che in quel momento poteva considerarsi virtualmente perduta, i francesi non mossero più alcun passo avanti.

Il 31 Dicembre le truppe del Duca d'Aosta obbligarono gli austro- ungarici ad abbandonare la testa di ponte dell'ansa di Zenson e ad attraversare il Piave in disordine; tale azione concluse la vittoriosa battaglia d'arresto, o prima battaglia del Piave.
Come già a Verdun, il motto della 4ª Armata, l'Armata del Grappa, divenne: *Di qui non si passa!*
Hindemburg scrisse nelle proprie *Memorie* che

Il nostro tentativo d'impadronirci delle Alpi veneziane che dominano per un gran tratto la pianura italiana e di fare, così crollare la difesa nemica sul Piave fallì. Io mi dovetti convincere che le nostre forze non bastavano per il raggiungimento di tale compito. L'operazione era giunta ad un punto morto. La più tenace volontà dei comandanti che erano sul posto e delle loro truppe dovette, davanti a questa realtà, lasciar cadere le armi.

Dopo la rotta di Caporetto e l'attestamento sulla linea Grappa- Piave il Regio Esercito aveva subito un'opera energica e rapida di riorganizzazione e di ricostruzione: entro la metà di Febbraio erano stati ricostruiti centoquattro reggimenti di fanteria, quarantasette battaglioni di complementi, ottocentodieci compagnie mitraglieri, novecentodieci sezioni di pistole mitragliatrici, centottantotto batterie d'artiglieria da campagna, cinquanta da montagna, ottanta di medio calibro, settantacinque di bombarde, novantuno da assedio, cinquecentosettanta sezioni di lanciabombe, sessantanove compagnie zappatori del genio, settantadue compagnie telegrafisti, undici compagnie panettieri e numerose conseguenti unità di servizi; inoltre venne assegnato ad ogni Corpo d'Armata un reparto d'assalto, e si costituì un Corpo d'Armata d'Assalto con l'intento di disporre una massa spiccatamente idonea alle azioni offensive.
Tenendo conto che dopo la ritirata dell'Ottobre- Novembre, l'esercito aveva subito una riduzione di ben ottocentomila combattenti, si ha un'idea dello sforzo veramente straordinario che venne imposto al paese, alle industrie ed alla popolazione per ridare al Regio Esercito una capacità operativa adeguata alla situazione[20].
La sola artiglieria superava l'equipaggiamento dell'estate del 1917, all'epoca delle battaglia della Bainsizza, e circa il 10% delle batterie erano inglesi e francesi.
Le deficienze in campo tattico erano state la causa fondamentale della sconfitta a Caporetto; a dispetto di undici durissime battaglie del 1915 al 1917 lo Stato Maggiore era rimasto ancorato a schemi di combattimento oramai superati, che causavano perdite elevatissime in cambio di poco o punti guadagni, e anziché trarre conclusioni dalle esperienze fatte, ci si limitava a silurare ed a sostituire i comandanti che avessero dati cattivi risultati, prescindendo da ogni analisi delle cause degli insuccessi: in pratica, ogni cattivo risultato non era mai considerato dovuto a cause quali l'attività nemica, la metereologia, etc. ma

20 Argiolas, *Prima Guerra Mondiale*, cit., p.273.

solo all'incapacità dei generali spesso *silurati* prescindendo dalle reali responsabilità. Diaz e Badoglio tentarono con buon successo di rimediare a questa situazione. Soprattutto Badoglio, le cui colpe a Caporetto ed il ruolo successivo, in particolare la gestione della resa del Settembre 1943, non mancano di gettare ombre che spesso nascondono la sue notevoli capacità organizzative, Badoglio, dicevamo si impegnò a rielaborare la dottrina tattica dell'esercito, dottrina che avrebbe giocato un ruolo decisivo nella sconfitta degli austriaci a Giugno ed a Ottobre.

L'esercito non avrebbe più dovuto fare affidamento su tiri di preparazione tanto estesi quanto poco accurati e sulle spallate di masse di fanteria gettate contro i reticolati; e anche la sistemazione delle trincee in una linea continua si era dimostrata insufficiente: vennero pertanto concepite nuove tecniche difensive, che portarono ad operare su forti capisaldi appoggiantisi reciprocamente piuttosto che su una linea difensiva continua, ed a difese scaglionate in profondità piuttosto che su un singolo sistema di trincee. Lungo il Piave venne steso un sistema difensivo di tipo elastico, abbastanza simile a quello adottato a partire dal 1917 dai tedeschi sul fronte occidentale ma sviluppato indipendentemente da quest'ultimo. Il sistema iniziava con una linea di avamposti sulla riva del fiume immediatamente dietro la quale venivano scavate una o due trincee protette da fitti sbarramenti di cavalli di frisia e di filo spinato.

Le trincee comprendevano un sistema di ricoveri e casermette, ed erano collegate tra loro da una fitta rete di camminamenti.
Dietro la linea avanzata vi era una seconda linea di resistenza, o linea profonda. Questa zona era larga circa tre chilometri, e consisteva di nidi di mitragliatrici mimetizzate nelle macchie di alberi, zone di tiro battute dal fuoco incrociato delle mitragliatrici, ed infine, ampi capisaldi che comprendevano bombarde, nidi di lanciafiamme e mitragliatrici, e casermette blindate in grado di contenere fino ad una compagnia di fanteria.
Infine, il terreno era coltivato a vite, col risultato di aumentare le difficoltà dell'attacco, rompendo la compattezza delle formazioni; tuttavia quest'aspetto del terreno che favoriva il difensore fu a svantaggio anche degli italiani nel corso dei contrattacchi. Il terreno ricordava il *bocage* normanno, che tanto filo da torcere diede ai repubblicani nel 1792 ed agli Alleati nel 1944.
Gli italiani, scrive Schindler nel suo magistrale studio, impararono anche le tecniche del contrattacco, che gli austriaci avevano utilizzato con successo sull'Isonzo.
Come risultato delle esperienze apprese durante la gestione di Cadorna vennero modificate le tattiche della fanteria, ponendo maggior attenzione sulla potenza di fuoco rispetto al potenziale umano.
Badoglio, come Diaz proveniente dall'artiglieria, contribuì allo sviluppo di una nuova dottrina nell'uso di tale Arma, che rese gli artiglieri più flessibili e disponibili nei confronti delle necessità tattiche delle truppe di prima schiera, permettendo una maggior cooperazione che per l'avanti, migliorando anche la precisione dei tiri, favoriti in ciò, soprattutto lungo il Piave, dalla natura del terreno, fra l'altro ben conosciuto e familiare.
Si fece attenzione a che gli ufficiali si impadronissero della nuova dottrina proibendo l'aprire il fuoco su iniziativa personale, come Cadorna aveva concesso[21].

A metà del 1918 l'esercito italiano aveva compiuto notevoli progressi nelle tecniche di combattimento, dimostrando di avere infine appreso la dolorosa realtà del campo di battaglia, pur non eguagliando ancora del tutto l'esercito austro- ungarico tuttavia non vi

---

21 John R. Schindler, *Isonzo,* cit.., pp. 411-412.

era quasi più nessuna somiglianza con le forze che si erano battute nella sfortunata Dodicesima Battaglia dell'Isonzo[22]

La vera novità era stata la nascita di uno Stato Maggiore efficiente, in grado di controllare i vari Comandi d'Armata e di Corpo d'Armata, ciò che non era stato durante la gestione di Cadorna, giacché, come scrive il Pieri *il troppo autoritarismo si risolveva dialetticamente in mancanza di autorità*[23], quando l'eccessiva autonomia portò alle volte al disattendere gli ordini del Comando Supremo, cosa che aveva portato a situazioni gravissime come la mancata sistemazione difensiva nel Trentino nel 1916, pur ordinata da Cadorna al Brusati, che non l'aveva tuttavia effettuata, lo scoordinamento tra la 2a Armata di Capello e la 3a del duca d'Aosta durante le offensive del '17 ed infine, il ritardato ripiegamento della 1a Armata del generale di Robilant, avvenuta tre giorni dopo quanto ordinato, che portò a perdere diecimila soldati, fatti prigionieri dai tedeschi che nel tempo che era stato perso dal Robilant avevano raggiunto Longarone.
Di questo stato di cose se ne era accorto anche il colonnello Gatti, voluto dal Cadorna come storico del Comando Supremo, che annotava come il Generalissimo non esercitasse un vero e proprio comando durante lo svolgimento delle operazioni[24].
La natura del Cadorna, uomo di eccezionale personalità, aveva fatto sì che al Comando Supremo non venissero tollerati sottoposti autorevoli che fossero in grado di conformare le operazioni di Armate e Corpi con le sue direttive strategiche.
Il sottocapo di Stato Maggiore ed il Capo del Reparto Operazioni svolgevano funzioni solo burocratiche, e il Capo della Segreteria del Comando Supremo era un semplice colonnello; il generalissimo non disponeva di nessun autorevole ufficiale di collegamento con le Armate ed i Corpi, e nessun rapporto con le minori unità, e del resto lo stesso Cadorna si faceva vanto di non conoscere nessun generale di divisione (cosa smentita dal suo epistolario, ma già solo l'affermazione getta una luce sulla *forma mentis* del Generalissimo): in ultima analisi egli non era in grado di controllare direttamente le varie Armate, né di intervenire nel corso della battaglia.

Il timore che il suo comando fosse sminuito dalla presenza di comandanti di valore aveva fatto sì che il Cadorna fosse privo di propri mezzi di controllo organizzato sull'andamento delle operazioni, senza un efficiente corpo di Stato Maggiore.
La situazione si fece del tutto diversa con la gestione Diaz, con la presenza di ufficiali giovani quali Badoglio, e sovente sottovalutato, il colonnello Ugo Cavallero, con ogni probabilità uno tra i maggiori organizzatori della storia militare italiana.

---

22 Ibid., p. 412.

23 Piero Pieri, *La Prima Guerra Mondiale*, Torino 1947, p.237. Si veda anche quanto scritto in proposito da P. Gaspari, in Cesco Tomaselli, Paolo Gaspari, *Gli ultimi di Caporetto. La vittoria di Caporetto*, Udine 1997 p.190.

24 Angelo Gatti, *Caporetto. Diario di guerra (maggio- Dicembre 1917)*, a cura di A. Monticone, Bologna 1964 (nuova ed. Bologna 1997).Annotò il col. Gatti che *il generale Cadorna fa il piano e lo dà ai comandanti delle armate: tiene per sé una piccola riserva. Poi dà l'avanti: e da quel momento non è più lui il direttore.*(...) *Sta il fatto che se avesse potuto o saputo esercitare un attivo comando, non avrebbe dovuto succedere ciò che lamenta. e cioè che un comandante d'armata gli faccia fracassare un corpo d'armata in modo che questo non possa più esercitare un efficace azione durante la battaglia: e in secondo e in più importante luogo, che egli non possa intervenire con truppe fresche a rimediare questo inconveniente.*

Cavallero fu, non va dimenticato, colui che Capo di Stato Maggiore Generale, nell'inverno 1940-'41 compì un vero miracolo, riuscendo a portare l'esercito, demoralizzato, sconfitto su tutti i fronti e paurosamente arretrato come strutture e organizzazione, al livello degli altri eserciti della guerra, ridando mordente e spirito alle truppe, coordinando le operazioni con i tedeschi, con risultati positivi nei Balcani, nella stessa Grecia, in Russia (alla partecipazione italiana a codesta campagna 'era opposto) ed in Afica, almeno sinché la scarsità di materie prime e l'intervento statunitense non portarono all'epilogo una situazione già critica.
Cavallero, soprattutto per l'esito della Seconda Guerra Mondiale, non gode di buona stampa, anche grazie al diario di Galeazzo Ciano, suo avversario politico, che l'accusava di aver (a ragione) voluto l'abbandono della disastrosa guerra parallela, ed una maggiore coordinazione con i tedeschi; tuttavia, l'opinione del Feldmaresciallo Albert Kesselring, che di cose militari ne capiva più di Ciano, espressa al processo di Venezia fu che

Egli era per me il modello del generale italiano, appassionato, attivo, fino al sacrificio di sé stesso [Cavallero si suicidò nella sede del Comando tedesco in Italia, a villa Mondragone a Frascati nell'Ottobre 1944 dopo aver rifiutato il comando delle FFAA della costituenda RSI, ndA]. Egli ha sempre lavorato per la grandezza dell'Italia. Nel Maresciallo Cavallero io ravviso il generale preparato che sa vedere lontano, dotato di un'eccezionale capacità di comando. Egli era di gran lunga il migliore dei marescialli e dei generali a me noti [25].

Il nuovo Comando Supremo fu qualcosa di radicalmente diverso dal precedente. non più un Capo che decideva da solo, senza ascoltare alcun parere, ma un organismo in cui le varie componenti collaboravano tra loro ed erano in grado di controllare le Armate ed i Corpi.
Il colonnello Angelo Gatti che pure fu grande ammiratore di Cadorna, da lui chiamato semplicemente *il Capo*, e che dapprima fu ostilissimo al nuovo Comandante Supremo, scrisse nel suo diario:

C'è, nel funzionamento del Comando, qualche cosa di più sciolto. Il lavoro che fa .E Giardino è enorme. Badoglio ricostruisce le truppe, visitandole. E Diaz, tranquillamente e serenamente, prende le decisioni. La calma, la fiducia sono rinate[26].

Così giudicava il nuovo Comando Supremo il capitano Frescura il 22 Giugno del '18, analizzando i motivi della vittoria sul Piave metteva al primo posto proprio i nuovi metodi di comando:

Caporetto ha giovato all'Italia. Oserei dire che Caporetto ci era necessario. La sventura ha prodotto una magnifica reazione. Il comando supremo è passato in mano di un generale che ha saputo trarre ogni ammaestramento dagli errori del passato: i comandi hanno imparato che non basta declamare l'armiamoci e partite ma occorre pagare di presenza[27].

Come scrive ancora Giorgio Rochat,

---

[25]Sulla morte di Cavallero, cfr. P. Romeo di Colloredo, *Südfront. Il Feldmaresciallo Albert Kesselring nella campagna d'Italia 1943- 1945*, Genova 2018, pp.46- 47.
[26] Gatti, *Diario*, cit., alla data del 20 Novembre 1917.
[27] Attilio Frescura, *Diario di un imboscato*, IIIa ed. Milano 1930 (rist. Milano 1999, p.321).

Diaz riorganizzò il Comando supremo, valorizzando il ruolo del sottocapo Badoglio e del generale addetto S. Scipioni, riordinando il lavoro degli uffici e attribuendo ad ognuno di essi responsabilità definite e concrete; tutto ciò senza clamore né scosse, conservando anzi quasi tutti i collaboratori di Cadorna e favorendo la nascita di un clima di squadra nel rispetto dei diversi compiti. Il nuovo Comando Supremo curò particolarmente lo sviluppo dei servizi informativi e potenziò il ruolo degli ufficiali di collegamento, che dovevano dargli notizie dirette sulla situazione dei vari fronti, senza però scavalcare i comandi d'armata, con cui furono curati rapporti molto stretti, in modo da superare distacchi e incomprensioni. Particolarmente felice fu la collaborazione con Badoglio (dell'altro sottocapo, Giardino, il Diaz si era elegantemente liberato promuovendolo), che si occupò soprattutto delle operazioni e del coordinamento tra gli uffici del Comando supremo, alleggerendo il Diaz di buona parte del lavoro di routine e conquistandone la piena fiducia (tanto che, come è noto, il Diaz ottenne per lui un trattamento di assoluto privilegio dalla ministeriale commissione d'inchiesta sul ripiegamento al Piave, che dovette rinunciare ad approfondire l'esame della sua condotta a Caporetto). Ciò non significa che egli abdicasse alle sue responsabilità di comandante in capo, ma che, come richiedeva la complessità della guerra, sapeva valorizzare l'opera dei suoi collaboratori, delegando loro importanti compiti esecutivi, di preparazione e di controllo, riservandosi però la decisione finale e l'intervento personale nelle situazioni di emergenza. Più che a Napoleone, modello inconfessato di tutti i comandanti della grande guerra, il Diaz può essere avvicinato a Eisenhower, un altro comandante capace di affrontare la complessità della guerra moderna appoggiandosi sul lavoro del suo stato maggiore[28].

Va ricordato, a proposito dei siluramenti, come di tutti i generali *silurati* da Cadorna solamente tredici vennero giudicati da Diaz e dal ministro della Guerra all'altezza di essere reintegrati nel comando, malgrado la commissione per il riesame delle pratiche di esonero nominata nel 1918 avesse accolto il ricorso di 95 generali su 217[29].
Se, anche dopo la caduta in disgrazia del *Generalissimo*, di 217 generali *silurati* ben 204 vennero considerati inidonei, non si possono anche qui accumulare sul Cadorna tutte le colpe; né egli provava piacere nei *siluramenti*:

Si continuano ad eliminare generali essendovene purtroppo molti che non sono all'altezza della loro posizione, scriveva Cadorna nel Giugno del 1915. Sono invalse così pessime abitudini nella lunga pace: v'è gente non ancora persuasa che siamo in guerra. Ma quante odiosità mi debbo prendere![30]

Ciò permise oltretutto di portare a gradi elevati ufficiali che diedero ottime prove di sé: dal Duca d'Aosta a Diaz, da Caviglia a Giardino, da Gonzaga sino allo stesso Badoglio, le cui responsabilità a Caporetto non possono offuscare il ruolo svolto da Sottocapo di Stato Maggiore nel 1918, oltre un gran numero di comandanti di Corpo d'Armata e di divisione che si dimostrarono all'altezza dei propri compiti[31].
Del resto, come ha scritto Alessandro Barbero,

Non è poi così diverso dal suo predecessore, i due sono il prodotto di uno stesso sistema. Di certo Diaz migliora il trattamento delle truppe, anche se qualche misura per sollevarne il morale era già

28Ibid.

29Su 807 ufficiali esonerati solo 262 vennero giudicati favorevolmente. Nei dodici mesi in cui Diaz fu Capo di S.M. vennero *silurati* 176 ufficiali.

30Luigi Cadorna, *Lettere famigliari*, Milano 1968., p. 109. Lettera del 15 Giugno 1915.

31 Pierluigi Romeo di Colloredo, *Luigi Cadorna. Una biografia militare,* Bergamo 2018 2ª, p.255.

stata presa. Inoltre la situazione sul Piave è diversa da quella che si era creata sull'Isonzo per oltre due anni. Cadorna doveva attaccare, mandando i soldati al macello in territorio asburgico. Invece a Diaz basta respingere gli assalti di un nemico ormai esausto. E può fare appello al sentimento nazionale di soldati che adesso si battono per difendere la patria

Dopo la battaglia del Piave Diaz attese di avere la superiorità e la certezza della riuscita di un'offensiva, malgrado le pressioni di Foch e dello stesso Governo italiano.
Alle 2.45 del 25 Giugno Diaz telegrafò alle Armate ordinando di rafforzare le postazioni difensive raccomandando in particolare al Duca d'Aosta la necessità di rettificare il prima possibile la linea nel settore meridionale del suo schieramento, tra Piave e Sile, in vista di un possibile ritorno offensivo avversario; dato che questo non si verificò il Comando Supremo si orientò verso operazioni di carattere locale tendenti a migliorare l'andamento del fronte:

- Nel settore della 6a Armata: riconquista dei Tre Monti;

- Nel settore della 4a Armata: riconquista del Col del Miglio e ripristino della linea Alba sull'Asolone;

- Nel settore della 3a Armata: occupazione delle foci del Piave sino al Piave nuovo.

Perciò non una controffensiva su scala strategica, ma solo rettifiche locali.
Il non aver incalzato gli imperiali in ritirata portò ad addossare al Comando Supremo numerose critiche.
Quando il 24 Giugno Diaz annunziò la vittoriosa conclusione della battaglia dall'Astico al Sile; Vittorio Emanuele Orlando si pronunciò a favore di un prosieguo delle operazioni.

Il proprio parere Orlando lo espresse a Padova in una riunione con Diaz e Badoglio che ebbe luogo il 1 Ottobre.
Fu proprio Badoglio, dopo che il Capo di Stato Maggiore dichiarò di non potersi assumere la responsabilità dell'offensiva e dicendosi pronto alle dimissioni, a battere il pugno sul tavolo, esclamando all'indirizzo di Orlando: *Allora dia l'ordine per iscritto*!
E' superfluo aggiungere che Orlando non lo fece: *Quest'ordine non lo scriverò mai!*
Badoglio assunse un'aria disgustata, e concluse: *Ma allora, perché viene fin quassù a infelicitarci?*[32]

Del resto, lo stesso Orlando ebbe a scrivere a Diaz :

Mi mancano elementi per valutare tutta la grandezza dell'avvenimento, e soprattutto se esso abbia determinato un tale sfacelo morale nell'esercito nemico da rendere consigliabile non lasciargli prendere respiro. Mi affido completamente al senno di Vostra Eccellenza.

E questa fu la risposta di Diaz:

Confermo che risultato battaglia, strategicamente difensivo ma audacemente offensivo nel campo

---

[32]Franco Bandini, *Il Piave mormorava*, Milano 1965, p.179. Sull'incontro del 1 Ottobre a Padova si veda Gratton, *Armando Diaz*, cit., pp. 209 segg.

tattico, si presenta come grande vittoria che ritengo debba avere larga ripercussione nel nemico. Sarebbe però, a mio convincimento, e come altre volte espressi, grave errore avanzare oltre il Piave con conseguente dannosa estensione nostro fronte, col grave ostacolo del fiume alle spalle; mentre la fonte di ogni nostro successo è stato l'opportuno schieramento e la concentrazione delle forze che ha consentito rapida ed efficientissima manovra. Oltre il Piave potrà operarsi, ove convenga, con piccole colonne volanti, allo scopo di disorganizzare il nemico. Tale concetto si armonizza pure con la situazione alla fronte nord, che non deve assolutamente sfuggire alla nostra vigile attenzione, per le minacce che possono addensarvisi e che importa ad ogni modo prevenire o parare. (...) A noi occorre vincere la guerra ed evitare di farci trascinare ad operazioni che potrebbero compromettere tale scopo essenziale[33].

Le truppe che avevano partecipato alla battaglia erano stanche; le sei divisioni rimaste intatte non potevano esser sufficienti per formare una massa d'urto in grado di ottenere una vittoria decisiva, e un successo parziale, nelle migliori previsioni, avrebbe voluto dire costituire- e mantenere- una testa di ponte con ingente dispendio di forze.
Le artiglierie italiane erano schierate in profondità, come si conveniva ad una sistemazione difensiva, e un loro spostamento in avanti avrebbe richiesto molti giorni; e, nota ancora il generale Faldella, pattuglie di cavalleria e di esploratori che avevano passato il Piave erano stati prontamente respinti da una difesa che si dimostrava ancora eccellente[34].
Su ciò concorda anche Hanks, per quanto fin troppo grottescamente ostile agli italiani: nonostante le pressioni inglesi- soprattutto di lord Cavan[35]- e francesi Diaz si rifiutò di considerare un'offensiva a causa delle perdite subite, e prima dell'autunno non sarebbero potute essere intraprese azioni offensive.

E un'offensiva non si improvvisa: il generale Caracciolo nel 1933 sottolineava come l'Austria, cominciando i suoi preparativi durante l'inverno, non fu pronta che a metà Giugno. L'attacco francese sull'Aisne richiese tre mesi di preparativi:

Come si poteva da parte nostra passare con un colpo di bacchetta magica da una situazione difensiva ad un apparecchio offensivo in larga scala? Avevamo consumato gran parte delle riserve dei proiettili accumulate nel periodo primaverile. La vittoria del Piave ci era costata un consumo di munizioni sette volte superiore alle maggiori previsioni. Dovevamo alacremente reintegrarle. Era possibile un attacco con tale scarsità di proiettili?[36]

Mancavano poi in gran parte materiali da traghetto e da ponte, essenziali per la buona riuscita di un'offensiva, come aveva dimostrato la crisi degli austriaci allorché l'artiglieria e gli aerei italiani avevano distrutto barconi, ponti e passerelle, rendendo pressoché impossibile l'afflusso di rinforzi alle teste di ponte.
Il Comando Supremo si rendeva infine conto che un insuccesso avrebbe annullato il

---

33 Cervone, *Vittorio Veneto l'ultima batta*glia, Milano 1982., p.147.

34 Faldella, *La grande Guerra.*, II, cit., Milano 1978, p.367

35 Cavan arrivò a chiedere di esser trasferito sul fronte occidentale con le proprie truppe: vennero inviati i terzi battaglioni..

36 Mario Caracciolo, *L'Italia nella Guerra Mondiale*, Roma 1936 XIII, p.289 n.1.

risultato ottenuto con l'arresto dell'offensiva danubiana, anche psicologicamente, sia nei confronti della popolazione, del nemico e degli stessi Alleati.
La componente psicologica non poteva essere sottovalutata.
La Nazione, con la vittoriosa battaglia difensiva sul Piave, s'era pienamente ripresa dallo choc di Caporetto. Non si poteva mettere in pericolo questa situazione morale, prosegue Argiolas, con un insuccesso eventuale derivato dal fallimento del forzamento del Piave che avrebbe comportato, come negli anni precedenti durante le offensive sull'Isonzo, perdite enormi senza alcun vantaggio sostanziale.
La situazione interna italiana era poi assai diversa da quella delle altre nazioni. Gli italiani erano come popolo emotivi, instabile, facile ad accendersi di entusiasmo nei successi ma altrettanto pronto a deprimersi nelle avversità, agitato da fazioni interne- socialisti e talune frange di cattolici- la cui nefasta influenza, anche tra le truppe al fronte, era da poco stata messa a tacere dopo Caporetto e con la vittoria sul Piave, non poteva venir esposto ad un nuovo insuccesso militare, anche per la presenza all'interno del Paese delle correnti rivoluzionarie che si richiamavano al leninismo e che volevano la "pace a qualsiasi costo"[37].

> La fanteria nemica, affermò in quei giorni il Sottocapo di Stato Maggiore Badoglio, è stata scompaginata, ma non le difettano i complementi; soprattutto la sistemazione difensiva sulla sinistra Piave è intatta, e intatto lo schieramento delle artiglierie. Se forziamo il fiume nelle condizioni in cui oggi ci troviamo, correremmo il gravissimo rischio di subire quella stessa crisi che ha imposto al nemico la ritirata.

L'esercito italiano invece difettava di complementi, ed esaurito il richiamo della classe del 1899 rimaneva oramai solo quella del 1900; non per nulla, dopo il Solstizio, il gen. Tettoni ispezionò, allo scopo di *raschiare il barile*, comandi ed uffici nella Penisola per trovare altro personale da impiegare in linea, disboscando uffici e distretti, riuscendo a snidare alcune decine migliaia d'imboscati (militari, ché gli operai delle industrie erano considerati necessari allo sforzo bellico e non arruolabili).
Né il maresciallo Foch che pure richiedeva in continuazione il passaggio all'offensiva, si degnò di far tornare in Italia i 20.000 operai militarizzati italiani operanti nelle retrovie del fronte occidentale, e delle truppe americane richieste arrivò in autunno solo un reggimento sotto organico, rispetto ai due milioni di *Doughboys* inviati in Francia!
Questo per la disponibilità a fornire uomini degli Alleati dell'Italia: si pensi che si pensò addirittura a chiedere l'invio di un contingente giapponese per supplire alle carenze di truppe fresche, ma ovviamente non se ne fece nulla.

Al termine della battaglia del Solstizio erano disponibili ed intatte tre divisioni di cavalleria e sei di fanteria, ovvero due o tre corpi d'Armata, quanti quelli impiegati sul solo Montello, e già dopo il 25 le truppe fresche furono impiegate nelle azioni di offensiva locale pianificate dal Comando Supremo sui Tre Monti, l'Asolone ed il basso Piave. Il resto dell'esercito vittorioso, sia pure col morale altissimo per la vittoria conseguita era

---

37 Tommaso Argiolas, *La Prima Guerra Mondiale*, Roma 1984, p.281, inoltre, proprio nel mese di Giugno del 1918 si registrò una recrudescenza di atti di diserzione e di autolesionismo, che senza giungere ai livelli del 1917 portò all'emissione di trentotto condanne a morte, di cui trenta eseguite; con la vittoria del Solstizio e l'aumentato morale le condanne a morte eseguite scesero a dieci nel mese di Luglio, sette ad Agosto, cinque a Settembre e una ad Ottobre, su tre milioni di uomini alle armi (cfr. la tabella pubblicata in Monticone, *La battaglia di Caporetto*, cit., p. 206).

stanco e logoro, annotò Baj- Macario, concludendo

Per il momento non si può chiedere altro sacrificio alle truppe. I vasti assalti di posizioni fortificate e il forzamento con grandi masse di un largo e capriccioso fiume non si improvvisano.

Così scriveva Armando Diaz alla moglie il 26 Giugno:

Le esagerazioni non sono mai opportune e perciò il mio Bollettino riprende l'aspetto normale. Non è sembrato abbastanza il respinger così fortemente il nemico e mettere fuori campo 180.000 uomini? Si è sognato di tornare sul Carso e di andare a Vienna. E chi me le dà le forze per fare questi voli! La vittoria è stata immensa e va valutata non solo in sé ma nelle probabili conseguenze e queste possono essere grandi [38].

Diaz insomma pensava che l'offensiva dovesse essere decisiva e risolutiva: la controffensiva, pericolosa da affrontare con le forze residue, non avrebbe potuto conseguire esiti decisivi, mentre l'esercito si sarebbe logorato inutilmente senza avere la possibilità di sostituire le perdite.
L'estate trascorse calma: fu solo il giorno dell'anniversario di Caporetto, il 24 Ottobre, che Diaz attaccò, incontrando dapprima una forte resistenza, e poi un crollo dovuto allo sfaldamento del nemico dopo la frattura tra la 6. e la 5. *Armee* austro- ungariche, cosicché l'Austria chiese ed ottenne l'armistizio.
Diaz, scrive Rochat, fu indubbiamente lento a cogliere la precipitosa evoluzione della situazione internazionale nel Settembre 1918, quando un'offensiva italiana diventava così necessaria da un punto di vista generale - l'Austria-Ungheria aveva avviato negoziazioni segrete per la sua resa con il presidente Wilson- da giustificare rischi anche grossi in campo militare; ma poté recuperare con la battaglia di Vittorio Veneto, lanciata quasi all'ultimo momento utile contro un nemico sull'orlo del collasso, ma ancora temibile, e *risoltasi nel clamoroso successo* (sono sempre parole di Rochat) *di cui la guerra italiana aveva legittimo bisogno*, un successo consacrato nel famoso Bollettino della Vittoria, steso dal colonnello D. Siciliani, e dal Diaz corretto, integrato e firmato[39].
Diaz era riuscito a motivare i propri uomini e dar loro uno spirito di corpo che andasse al di là del reggimento e della brigata, come in precedenza. e a ciò servì anche il caratterizzare le Armate con dei soprannomi:

Io ho voluto che la I Armata si chiamasse la *Gagliarda*; la III Armata, l'*Invitta*; la IV Armata (l'"Armata del Grappa"), la *Tenace*; la VI Armata (l'"Armata degli Altipiani"), la *Prode*; la VII Armata, la *Costante*; l'VIII Armata, la *Valorosissima*; la IX Armata, la *Fida*; la X Armata, l'*Audace*; la XII Armata, la *Ferrea*; il Corpo di Cavalleria, *Vigile e Fiero*; i Carabinieri, *Fedeli e Saldi*[40]

I combattenti così si sentirono parte di un unico, immenso organismo, che inquadrava cinque milioni e mezzo di uomini. In più non aveva tralasciata l'importanza di veder riconosciuti i propri sforzi con le decorazioni, in modo da far aumentare lo spirito di emulazione:

---

38 Citato in Gratton, *Armando Diaz...*, cit.

39 Rochat, cit.

40 *Giornale d'Italia*, 4 Novembre 1920

Ricordo che la più importante funzione del comando è la concessione delle ricompense che deve essere più equa che abbondante. Curarne la ripartizione fra ufficiali e truppa in modo che la proporzione non sia troppo a favore dei primi.

Lo svolgimento della Terza battaglia del Piave, più nota come battaglia di Vittorio Veneto, è descritto approfonditamente nella Relazione Ufficiale riportata di seguito; ci limiteremo a darne un breve riassunto.
La battaglia ebbe inizio alle ore tre della notte del 24 Ottobre con un violentissimo fuoco di preparazione contro tutte le posizioni austriache; nel contempo, nella notte fra il 23 e 24 Ottobre, reparti della 7ª divisione della 10ª Armata di lord Cavan, nonostante la furia delle acque del Piave in piena, utilizzando barconi del genio, con azione di sorpresa conquistarono l'isola della Grave di Papadopoli, un formazione ghiaiosa lunga circa otto chilometri e larga due dove si attestarono a difesa.
Subito dopo la costituzione della testa di ponte, lla 4ª Armata di Giardino, schierata sul Grappa, attaccò le posizioni tenute dal Gruppo *Belluno* di Monte Asolone, Cima Pertica, Col della Berretta, Monte Valdeora, Monte Solarolo, Monte Spinoncia dove, dopo numerosi violenti combattimenti, vennero raggiunti apprezzabili risultati nonostante la tenace resistenza ed i ripetuti contrassalti del valoroso avversario. Il Monte Asolone, il Solarolo e il Valderoa furono più volte conquistati e perduti. In tre giorni di accaniti combattimenti la 4ª Armata, sebbene non fosse riuscita a raggiungere il pieno successo, costrinse gli austriaci ad impiegare e logorare le loro riserve a tutto vantaggio del settore di pianura da dove doveva avvenire lo sfondamento decisivo.
Sull'Altopiano dei Sette Comuni, nel frattempo, unità della 6ª Armata, per mascherare i preparativi della vera offensiva, lanciavano un attacco notturno verso il Monte Sisemol. Nel basso Piave, a causa delle piogge cadute su tutto il settore del fronte orientale, fu necessario rinviare il passaggio del fiume alla sera del 26 Ottobre. A causa delle violente precipitazioni, che impedivano il gittamento dei pontoni, l'Armata del Grappa dovette sostenere da sola tutto il peso dell'offensiva; essa costituì la chiave di volta per il conseguimento della manovra strategica finale. Nella notte del 26 Ottobre i reparti del genio della 12ª, 8ª e 10ª Armata, nonostante l'impeto del fiume, che ostacolava gli ancoraggi delle barche, iniziarono il gittamento dei ponti di barche per passare sulla sponda opposta nel tratto di fiume compreso fra Pederobba e Ponte di Piave.
L'operazione, già di per sé difficoltosa a causa delle non buone condizioni del Piave, fu inoltre caparbiamente ostacolata dal fuoco violentissimo delle artiglierie nemiche, specie nel settore dell'8ª Armata, che riusciva a costruire appena due ponti dei sette previsti: alcuni traghetti quasi ultimati vennero più volte colpiti e distrutti dalle granate dell'artiglieria austriaca. Nonostante la furiosa reazione dell'avversario, nella notte del 27 Ottobre furono costituite tre teste di ponte: la prima nel settore della 12a Armata in corrispondenza di Valdobbiadene con due battaglioni alpini e un reggimento francese; la seconda nel settore dell'8ª Armata nella piana di Sernaglia Falzè con la 57ª e la 1a Divisione d'Assalto e con la brigata *Cuneo* ; la terza nel settore della 10a Armata nella zona tra Tezze e Cimadolmo con unità del XIV Corpo d'Armata britannico e della 37a Divisione. Vista la critica situazione creatasi sul basso Piave, il *Generalfeldmarschall* Svetozar Boroević von Bojna inviò due divisioni della propria riserva strategica in rincalzo alla 6. *Armee*, per eliminare le teste di ponte italiane sulla sponda orientale del Piave.
Le truppe dell'8ª Armata che si erano spinte sino a Soligo vennero a trovarsi, a seguito della distruzione dei ponti sul fiume, in una situazione di grave pericolo perché

completamente isolate dal resto dell'armata. Di fronte a quella minaccia il generale Caviglia, comandante dell'8ª Armata, diede ordine di propria iniziativa al XVIII Corpo d'Armata di passare il fiume sui ponti di barche della 10ª Armata a Palazzón e subito dopo puntare su Conegliano.
L'attacco riprese slancio su tutto il fronte del Piave. Superata la crisi dell' attraversamento del fiume, nella notte del 29 le teste di ponte oltre il Piave si saldarono costituendo un unico ampio saliente nel settore difeso dal nemico. Il 29 Ottobre le unità dell'8a Armata avanzarono su tutto il fronte dell'Armata travolgendo tutte le resistenze nemiche raggiungendo l'obiettivo primario.
La 12ª Armata francese del generale corso J. C. Graziani avanzò verso est conquistando, dopo aspri combattimenti, Monte Perl,o Monte Pianar e Alano di Piave.
Nel pomeriggio del 30 Ottobre, la 6. *Armee* austro ungarica, dissanguata e sfinita dai violenti combattimenti dei giorni precedenti, ripiegava sulla seconda posizione di difesa, la *Königstellung*, in corrispondenza del fiume Monticano, incalzata dall'avanguardia della 10ª Armata.
Sotto la spinta offensiva delle tre armate (12ª, 8ª e 10ª) anche la seconda posizione difensiva iniziò a sbriciolarsi. Iniziarono i primi ammutinamenti fra le truppe ungheresi desiderose di raggiungere la propria casa. Mentre l'offensiva era in pieno sviluppo, l'Imperatore Carlo I, in presenza di una situazione ormai insostenibile, il 26 Ottobre, con un telegramma diretto a Guglielmo II, esprimeva inequivocabilmente l'intenzione dell'Austria di richiedere e concludere un armistizio con l'Italia alfine di evitare la distruzione dell'Esercito e, il 29 Ottobre, con l'esercito in ritirata e l'impero in pieno disfacimento, l'Imperatore Carlo I chiese all'Italia l'armistizio.
All'alba del 29 si presentava ai nostri avamposti di Serravalle, in Val Lagarina, il capitano di Stato Maggiore Camillo Ruggera, con una lettera del generale Weber da consegnare al Comando Supremo italiano, con la richiesta di iniziare le trattative per un immediato armistizio.
Il mattino del 30 Ottobre le divisioni dell'esercito italiano iniziarono una avanzata generale dallo Stelvio al mare per sfruttare il successo ottenuto, incalzando il nemico in rotta.
Nella mattinata del 30 Ottobre avanguardie di cavalleggeri e bersaglieri ciclisti dell'8ª Armata occuparono Vittorio Veneto spezzando in due l'esercito nemico. Nello stesso giorno anche la 3ª Armata del Duca d'Aosta, che comprendeva anche il 332° Reggimento americano, dopo aver forzato il Piave a San Donà, entrò in azione con obiettivo Motta di Livenza, facendo decine di migliaia di prigionieri. Iniziava anche per l'esercito imperiale austro ungarico una disfatta di proporzioni molto superiori a quella di Caporetto, ma questa volta in modo irreversibile.
Il giorno 31 Ottobre segnò il crollo delle armate austro ungariche presenti in Italia; le truppe ungheresi e serbo croate si rifiutarono di combattere ritirandosi di loro iniziativa verso la loro terra. Nel pomeriggio del 1 Novembre veniva liberata Belluno, il 2 cadevano in nostre mani Udine e Rovereto, il 3 Novembre unità della 7ª Armata raggiungevano Malé in Val di Sole, mentre nelle prime ore del pomeriggio, i cavalleggeri di Alessandria,liberavano Trento.
Quasi alla stessa ora i cacciatorpediniere *Audace* , *Fabrizi* , *Missori* e L*a Masa* , sbarcavano a Trieste i battaglioni bersaglieri VII ed XI, e una compagnia della Regia Marina militare accolti dall'entusiasmo dei triestini.
Alle ore 18 dello stesso giorno a Villa Giusti, presso Padova, venne firmato l'armistizio che fissava la fine delle ostilità per le ore 15.00 del 4 Novembre.

La guerra era vinta[41].

Il 5 Novembre, il *Corriere della Sera* così scriveva circa l'armistizio tra l'Austria ed il Regno d'Italia, in prima pagina, riportando il comunicato del Comando Supremo:

4 Novembre, ore 16. In base alle condizioni dell'armistizio stipulato fra i plenipotenziari del Comando Supremo del R. Esercito Italiano in nome di tutte le Potenze Alleata e degli Stati Uniti d'America e i plenipotenziari dell'I.R. Comando Supremo dell'Esercito Austro-Ungarico, le ostilità per terra, per mare e per aria su tutte le fronti dell'Austria-Ungheria sono state sospese alle ore 15 di oggi, 4 Novembre.

DIAZ.

In seconda pagina veniva data la cronaca delle trattative:

Le trattative per l'armistizio hanno avuto luogo a Padova. La delegazione del Comando nemico era formata da 8 ufficiali presieduti dal generale Weber. Essa è stata alloggiata nella villa del senatore Giusti ed ha avuto trattamento signorile nonché tutti gli onori militari. Pel Comando italiano ha riferito il generale Badoglio, il quale ebbe come interprete un giovane ufficiale trentino cognato dell'eroe Battisti.

Altri e più precisi particolari vennero furmniti sul numero del *Corriere* del 6 Novembre:

Il 29 Ottobre si presentava con la bandiera bianca alle nostre linee un capitano austriaco che dichiarava di voler essere introdotto al nostro Comando per trattare l'armistizio e presentava le credenziali. Il capitano non venne ammesso, perché sprovvisto di sufficienti patenti. Il giorno 30 si presentava al medesimo settore una Commissione parlamentare austriaca composta di nove ufficiali con le persone del seguito. La Commissione annunziò la sua presenza alle linee con quindici trombe e agitando una bandiera bianca. Dato l'ordine di cessare il fuoco, i parlamentari entrarono nelle nostre linee accompagnati da venti ufficiali dei carabinieri. Non furono bendati, ma messi in un'automobile chiusa con le tendine abbassate. I parlamentari vennero trasportati sotto la scorta di un generale brigadiere alla residenza del Supremo Comando.
Alla mattina seguente, poco prima delle 9, i parlamentari si riunirono nella sala principale della villa. Alle 9,30 il generale Badoglio faceva il suo ingresso. Gli Austriaci si misero in posizione di attenti, salutando. Anche il generale Badoglio rispose al saluto. Il generale von Weber si presentò e presentò la missione. Il colloquio durò pochissimi minuti, e il generale Badoglio ritornò subito al Gran Quartiere Generale. Dopo usciti dalla villa i carabinieri tributarono nuovamente gli onori militari alla missione austriaca. La sera del giorno 2 il gen. Badoglio ebbe un altro colloquio con i parlamentari. Il colloquio fu lunghissimo.
Il giorno 3 il generale Badoglio, il generale Scipioni, il colonnello Gazzano, il capitano Maravigli, il comandante Accissi per la Marina Italiana furono nuovamente a contatto con i parlamentari. Si trattava di discutere la firma vera: la stipulazione dell'armistizio. Il colloquio durò fino alle 18,39. Prima di uscire avvenne uno scambio di strette di mano, l'armistizio era firmato."

Sulla scorta dei documenti ufficiali e del racconto dei partecipanti alle trattative, la storia ha poi fissato la versione su come si giunse all'armistizio. Ecco alcuni curiosi particolari:
L'ufficiale austriaco con la bandiera bianca si presentò alle linee di Val Lagarina; aveva una lettera del generale Weber, comandante del VI corpo d'armata austro-ungarico, il quale scriveva di essere incaricato dal Comando Supremo di entrare in trattative, immediatamente, per un armistizio. Lo stesso generale Weber, essendo stato respinto il suo inviato, entrò in Italia il giorno successivo con

---

41 Per una trattazione completa della battaglia, cfr. P. Romeo di Colloredo, *Vittorio Veneto 1918. L'ultima vittoria della grande Guerra*, Genova 2018.

gli altri otto ufficiali della Commissione.
Nel medesimo giorno, sempre in Val Lagarina, si presentò un colonnello tedesco, con l'incarico di prender parte ai negoziati in nome del governo germanico, ma fu invitato a ritirarsi.
Nel colloquio del 2 Novembre la delegazione italiana comunicò ai rappresentanti dell'Austria-Ungheria le condizioni dell'armistizio, decise dal Consigli Interalleato di Versailles, su proposta del presidente del Consiglio italiano Orlando.
Questi i punti principali:

1. Sgombero dei territori invasi e delle regioni assegnate all'Italia dal Patto di Londra. (Il 26 aprile 1915 gli Alleati avevano assegnato all'Italia le province austriache sino al confine alpino, la Dalmazia settentrionale, le isole prospicienti e Valona, promettendo altri compensi in Asia Minore, e la neutralità di una parte delle coste albanesi e dalmate).
2. Consegna di un'ingente parte del materiale d'artiglieria e della flotta.
3. Restituzione dei prigionieri fatti all'Intesa.
4. Facoltà per l'Intesa di servirsi, per ragioni militari e d'ordine pubblico, di tutti i mezzi di comunicazione dell'Impero Austro-Ungarico.

Quest'ultimo punto sembrò troppo duro al generale Weber. Egli chiese ed ottenne di mandare a Trento due suoi ufficiali (cui seguì poi un terzo), perché tentassero di entrare in contatto con il governo di Vienna. Weber voleva le istruzioni finali, soprattutto in merito alla quarta clausola. L'imperatore Carlo aveva dato formali assicurazioni all'imperatore Guglielmo che, l'Austria, non avrebbe mai consentito all'Intesa di attaccare la Germania attraverso il territorio austriaco. L'accettazione del "punto quattro" avrebbe reso possibile tale operazione.
La sera del 2 Novembre, in mezzo al caos che iniziava a diffondersi a Vienna, l'imperatore riuscì a raccogliere, dopo molto sforzo, un Consiglio della corona, il quale decise l'accettazione delle clausole d'armistizio.
L'Armistizio di Villa Giusti diede luogo anche ad un increscioso equivoco. Il generale Weber aveva comunicato a Vienna che l'Italia avrebbe sospeso le operazioni di guerra 24 ore dopo la firma dell'armistizio; ciò per avere il tempo di avvertire tutte le truppe in movimento. Il Comando Supremo Austriaco ordinò invece immediata sospensione delle ostilità nella notte stessa del 3 Novembre. Ciò fu causa di numerosi incidenti e della cattura di molti prigionieri. Un'inchiesta austriaca riconobbe poi "la piena lealtà e correttezza del Comando Supremo Italiano". L'Austria, con l'acqua alla gola, era convinta che, al primo annuncio anche unilaterale di pace, nessun soldato si sarebbe battuto.

Dopo l'entrata in vigore dell'armistizio italo- austriaco il generale Diaz telegrafò a Parigi al maresciallo Foch:

Studi per proseguimento operazioni contro Germania, procedendo in massa da scacchiere italiano verso nord, sono stati qui concretati da tempo per spontanea iniziativa di questo comando. Sono già in corso di esecuzione operazioni preliminari per la raccolta delle armate di operazione. Se Germania non sottostarà condizioni armistizio che le saranno imposte [dagli] alleati, esercito italiano interverrà per costringerla alla resa[42].

Di fronte alla minaccia dell'esercito italiano, forte di cinque milioni di uomini, con un parco di artiglierie immenso- gli italiani disponevano ora anche dei 6.810 pezzi catturati agli imperiali- alla sua frontiera meridionale, la Germania non poté far altro che cedere. Il nove, Ludendorff affermò che

42Novello Papafava dei Carraresi. *La battaglia di Vittorio Veneto,* Abano Terme 1970, p.47.

In conseguenza di Vittorio Veneto noi siamo alla mercé degli avversari e dobbiamo accettare qualsiasi condizione di armistizio.

Lo stesso giorno Guglielmo II abdicò.
Se sarebbe un'esagerazione dire che Vittorio Veneto decise delle sorti della guerra, che erano già decise, fu però fondamentale per accelerarne la conclusione.
Troppo spesso viene menzionato l'episodio di Diaz che chino su una carta militare non riuscendo a trovare Vittorio (Veneto sarà aggiunto solo nel 1923) esclama in napoletano *Ma chisto Vittorio Veneto, addo c***o sta?*
La storiella è stata attribuita a Ferruccio Parri, all'epoca nello *staff* di Diaz che raccontò come questi

Si avvicinò ad una grande carta [...] e, inforcati gli occhiali, si mise a cercarvi una località senza riuscire a trovarla. Un pò spazientito, voltosi a un certo punto verso Badoglio gli chiese in napoletano: "neh Badò, addò sta 'sto cazz'e Vittorio Veneto?". Fu in questa maniera - continua Parri - che venni a sapere quale sarebbe stato l'obiettivo principale della nostra offensiva.

Una pura e semplice balla, come ha dimostrato il generale Gratton nella sua esaustiva e documentatissima biografia di Diaz[43], da noi già menzionata, e che risale all'Ottocento, attribuita ad un altro generale durante le manovre estive; ed ovviamente nell'Ottobre del 1918 Vittorio non si chiamava ancora *Veneto*, oltre al fatto che Diaz sapeva benissimo dove si trovasse, avendovi condotto diverse manovre da colonnello. Infine, a dispetto del nome poi dato all'offensiva, la cittadina di Vittorio non costituiva affatto *l'obiettivo principale della nostra offensiva...* Una meschina, puerile invenzione del Parri per sbeffeggiare Diaz, "colpevole" per l'antifascista piemontese, di aver appoggiato Mussolini.
Diaz venne ricompensato con il Gran Cordone dell'Ordine della Corona d'Italia (Gennaio 1918), la nomina a Senatore del Regno (Febbraio 1918), la Croce al merito di guerra (aprile 1918), il Gran Cordone dell'Ordine militare di Savoia (Giugno 1918), il gran cordone dell'Ordine dei Santi Maurizio e Lazzaro (Giugno 1919, di motu proprio del re).
Il 24 maggio 1919 Diaz ricevette la croce di cavaliere dell'Ordine Militare di Savoia (oggi d'Italia) con la seguente motivazione:

Perché, assunto all'ufficio di capo di Stato Maggiore dell'esercito in una situazione di guerra molto difficile, con sagace opera di organizzazione e con avveduta efficace condotta di comando, sempre altamente ispirato agli interessi del Paese, seppe ottenere tale grado di preparazione morale e bellica delle truppe da superare vittoriosamente l'ardua prova di una grande battaglia impegnata dal nemico con forze e mezzi imponenti.

Diaz Capo di Stato Maggiore sino al 1919, un anno dopo la vittoriosa conclusione della guerra, in un periodo difficile per i grossi problemi concreti che si ponevano, dalla prima ricostruzione dei territori liberati, le occupazioni in Tirolo e sull'Adriatico, la smobilitazione di cinque milioni di uomini.
Nella primavera 1919 Diaz seguì Vittorio Emanuele Orlando alla Conferenza di Parigi, appoggiandone la politica espansionistica senza condividerla fino in fondo, scrive Giorgio Rochat,

---

43 Il già citato Luigi Gratton, *Armando Diaz, Duca della Vittoria. Da Caporetto a Vittorio Veneto*, Foggia 2001 dove un paragrafo è dedicato a questa, per usare un termine attuale, leggenda urbana.

Perché una forte presenza italiana sulla sponda orientale dell'Adriatico non comportava difficoltà militari nell'immediato dopoguerra, quando gli Iugoslavi non disponevano ancora di forze organizzate di qualche consistenza (e quindi l'arresto della smobilitazione voluto dal governo in primavera mirava soltanto a impressionare l'opinione pubblica con una dimostrazione di forza), ma a lungo andare avrebbe rappresentato per l'esercito un peso insostenibile.

Nel 1919, dopo la pubblicazione delle conclusioni della Commissione d'Inchiesta su Caporetto, con tutte le polemiche che ne furono corollario, che gettavano su Cadorna tutte le colpe, anche quelle non sue, per motivi di contingenza poilitica più che per obbiettive responsabilità, il collocamento a riposo di Cadorna, deciso dal governo con il consenso di Diaz, assunse il significato di una condanna politica e morale del *Generalissimo* e della sua condotta delle operazioni, e contribuì a scavare un solco incolmabile tra i due Capi di Stato Maggiore.

Diaz dapprima vide con favore la nomina in Giugno di Francesco Saverio Nitti a capo del Governo, con un programma di normalizzazione; fu Diaz personalmente a proporre la nomina del nuovo ministro della Guerra generale Alberico Albricci, già comandante del II Corpo d'Armata in Francia, e collaborò pienamente alla smobilitazione dell'esercito condotta quasi a termine nell'estate.

Diaz non guardò con favore all'impresa fiumana di Gabriele d'Annunzio, che metteva in crisi la tradizione di obbedienza e di apoliticità dell'esercito a lui affidato, appoggiò quindi la linea politica di Nitti ed inviò a fronteggiare Fiume Badoglio, che invece era favorevole all'espansione adriatica- aveva pianificata la marcia su Lubiana nel 1918- senza però che Diaz si esprimesse di persona, così come non partecipò alle polemiche sull'amnistia ai disertori voluta dal governo Nitti che nel Settembre 1919, che cancellò la gran parte dei processi di guerra, varata con malvolentieri da Diaz, costretto a dare il proprio assenso per motivi meramente politici e sotto il suo controllo .

Disgustato dall'atmosfera ostile alle Forze Armate ed alla vittoria, con i continui oltraggi ed aggressioni agli ufficiali ed ai reduci- Nitti arrivò a vietare agli ufficiali di indossare la divisa per evitare disordini da parte dei sovversivi rossi, dalla crisi militare in Libia, dall'abbandono di Valona e dagli atteggiamenti rivoluzionari dei socialisti massimalisti, Diaz prese la decisione di lasciare il comando dell'esercito. Secondo Giorgio Rochat lo fece

Non perché Nitti volesse liberarsi di una personalità autorevole o Badoglio manovrasse per scalzare il suo capo (come fu detto senza elementi concreti di prova), ma perché la posizione di Capo di Stato Maggiore dell'esercito in tempo di pace era troppo inferiore a quella di comandante in capo in tempo di guerra e troppo esposta a condizionamenti e polemiche interne e esterne per giovare al suo prestigio di vincitore del Piave e di Vittorio Veneto.

Diaz, oltretutto, si vide negare da Nitti prima e da Bonomi poi la carica di Ispettore generale dell'Esercito, appositamente creata per lui nel quadro dell'ordinamento provvisorio del ministero Albricci. Ciò lo spinse ad abbandonare la sua consueta moderazione di sostegno ai vari governi, e a guardare con crescente simpatia ai reduci di guerra che avevano aderito ai Fasci di Combattimento.

Diaz divenne ministro della Guerra nel primo Governo Mussolini: era tutt'altra atmosfera rispetto a quella del governo di *Cagoja* Nitti,e come quasi tutti i militari guardò con simpatia al Fascismo, dopo le offese (e i morti) subite da soldati e reduci ad opera delle sinistre negli anni del dopoguerra- si era arrivati al punto che gli ufficiali dovettero girare

in borghese per la propria incolumità- anche se la celebre frase che avrebbe pronunciata davanti al Re in occasione della marcia su Roma (*L'esercito sparerà, ma è meglio non metterlo alla prova*) è forse apocrifa.
Diaz venne nominato Maresciallo d'Italia nel 1924, lo stesso anno in cui si ritirò a vita privata per motivi di salute;Vittorio Emanuele III nel 1921 gli aveva concesso il titolo Duca della Vittoria e cavaliere della Santissima Annunziata, ma ciò che amareggiò Diaz fu l'essere postposto come anzianità al Maresciallo Cadorna, forse dimenticando di esserne stato il segretario.
Accenneremo, prima di proseguire, ai rapporti burrascosi (sebbene in pubblico formalmente corretti) tra Armando Diaz e Luigi Cadorna durante gli anni '20, conseguenza dell'avallo del Diaz al collocamento a riposo del *Generalissimo*.
Il 18 Marzo 1923 comparve sul Popolo d'Italia un articolo durissimo contro Cadorna:

> Si consigliano i fautori del Generale [Cadorna] a rientrare nel più assoluto riserbo poiché per quanti meriti si vogliano attribuire a quegli che ebbe la responsabilità e l'onore di condurre la nostra guerra dai giorni dell'Intervento a quelli del Piave, non si può facilmente dimenticare che il nome di quest'uomo è anche legato a due sciagure del nostro esercito e non può non suonare amaramente al cuore della grande maggioranza degli italiani.

Il corsivo venne attribuito allo stesso Mussolini, il quale in realtà ne era all'oscuro e si infuriò moltissimo: era stato infatti pubblicato da Cesare Rossi su richiesta del Ministro Diaz, al quale venne attribuito anche materialmente, e che vedeva assai di malocchio la rivalutazione in atto della figura di Cadorna, il quale, in una lettera al senatore Albertini, bollò Diaz di *porco* e *vigliacco*[44].
Tra i due Capi di Stato Maggiore era sorto un antagonismo venato di gelosia; Diaz ostentò pubblicamente la massima indifferenza verso il proprio predecessore, del quale era stato segretario, ed al quale si doveva la riuscita della battaglia d'arresto sul Piave, vittoria attribuita a Diaz; come scrisse Caviglia,

> ...[Cadorna] schierò l'esercito sul Piave in una situazione più solida e più sicura che non fosse quindici giorni prima sull'Isonzo. Nella nuova situazione l'esercito poteva resistere; tutto dipendeva veramente dalle truppe. Ma egli non potè godere della vittoria da lui preparata; della vittoria che cancella tutti gli errori, mentre la sconfitta li esagera[45].

Ma quando venne istituito il grado di Maresciallo d'Italia, che sarebbe stato conferito il 4 Novembre 1924 insieme ad Armando Diaz e a Luigi Cadorna, Diaz, che verso il suo antico capo aveva sempre mantenuto un ostentato distacco, dapprima cercò di opporsi alla nomina di Cadorna, e poi reclamò il primo posto nell'Annuario militare; tuttavia l'affiancamento dei due nomi dei due Capi di Stato Maggiore venne solennemente sancito nella cerimonia di conferimento dei bastoni di maresciallo svoltasi a Padova il 14 Giugno 1925, e Diaz dovette fare buon viso a cattivo gioco.
Lo stesso Mussolini ricordò:

---

[44]Nella nostra biografia di Cadorna, *Luigi Cadorna*, cit., n. 281, attribuivamo a torto l'intervento a Mussolini; la pubblicazione del carteggio tra Cadorna ed Albertini (*Il direttore e il generale. Carteggio Albertini- Cadorna,* Milano 2014) ha permesso di chiarire la vicenda e di precisare le responsabilità..
[45] Enrico Caviglia, *La dodicesima battaglia (Caporetto)*, Milano 1933, p. 204

Nel Novembre del 1924, ristabilii il grado di Maresciallo d'esercito esistente nell'esercito sardo prima delle guerre napoleoniche; non fu facile far accettare a Diaz - artefice della Vittoria- una parità di annuario con Cadorna, artefice della grande carneficina carsica. Bisognava sanare la piaga della polemica per Caporetto. Imposi il mio punto di vista[46].

Quando a Cadorna venne riconosciuta la maggiore anzianità nel grado di Maresciallo d'Italia, Diaz provò un *senso di amarezza e di dolore* non esitando a chiedere, in una lettera datata napoli 25 Novembre 1925, l'intervento del Partito Nazionale Fascista per il tramite di Roberto Farinacci, allora Segretario del PNF[47], forse per la comune appartenenza alla Massoneria.
La contesa tra i due marescialli non ebbe fine neppure con la scomparsa di uno dei due contendenti.
Commemorando in Senato la scomparsa di Diaz, Mussolini il 1 Marzo affermò che il Duca della Vittoria fu

Spirito profondamente religioso, spirito umano fra gli uomini, comprese che i soldati non erano soltanto dei piastrini di riconoscimento[48].

Cadorna vide in queste parole un attacco personale alla sua condotta della guerra, quasi un'accusa di aver trattato la truppa come carne da cannone, e se ne addolorò ed offese, al punto di scrivere parecchie lettere dal tono indignato con la speranza che venissero a conoscenza di Mussolini:

Avendo io scritto a Cavallero che non potevo andare a Roma al funerale di Diaz perché indisposto, egli mi scrisse gentilmente mandandomi i suoi auguri e quelli di Mussolini. Allora io, che avevo sul gozzo il discorso sulle piastrine di riconoscimento, scrissi a Cavallero la lettera di cui ti mando copia. Così, o per mezzo di Federzoni o per mezzo di Cavallero, il Duce verrà a conoscere le mie impressioni[49].

Neppure quando Mussolini tramite Ugo Cavallero fece sapere a Cadorna come la frase che tanto aveva indispettito il *Generalissimo* non andasse affatto intesa come una frecciata personale, questi si sentì soddisfatto:

Ora egli [Mussolini] dichiara che non pensava a me quando pronunciò le famigerate parole. Ma ciò non è possibile e, in ogni caso, quando si è in quella posizione si ha l'obbligo di pensare dove le proprie parole vanno a colpire. Ed in questo caso non era cosa difficile![50]

---

46 Benito Mussolini, dich. del Gennaio 1940 a Y. De Begnac, in de Begnac, *Palazzo Venezia, Storia di un regime*, Roma, 1950, p. 357.

47 La lettera di Diaz a Farinacci è conservata nelle Carte Farinacci, scatola 18,fascicolo Diaz, presso l'Archivio Centrale dello Stato di Roma; dobbiamo l'informazione alla cortesia del gen. Fulvio Capone. In questo libro riportiamo copia fotografica della lettera,

48Cit. in Cadorna, *Lettere famigliari*, cit., p. 258. Commenta il curatore, gen. Raffaele Cadorna, che *questa stoccata ingiusta e inutile, ferì profondamente la sensibilità di mio Padre e rattristò gli ultimi mesi della sua vita* (ivi).

49 Lettera del 14 Marzo 1928, ibid., p. 257.

50 Lettera del 21 aprile 1928, ibid.., p. 258.

Ed a proposito della sepoltura di Diaz nella basilica di Santa Maria degli Angeli in piazza dell'Esedra a Roma, Cadorna scrisse al figlio Raffaele il 21 Luglio del '28:

...Sul "Corriere" di stamane c'era un articolo sulla tomba di Diaz, che termina col brano che ti invio. Con questo vedo che mettono le mani avanti per mandarmi a finire in compagnia di Diaz a S. Maria degli Angeli. Ti avverto che per nessuna ragione al mondo io debbo andare a finire colà. L'ho scritto nel testamento che la mia estrema dimora deve essere a Pallanza accanto ai miei vecchi. Io non so cosa farmene dei monumenti: mi bastano due mq e due parole che dicano chi sono senza nessuna lode[51].

Piccole meschinità di grandi uomini.

Tornando alla scelta di accettare il ruolo di Ministro della Guerra del governo Mussolini, come scrive Rochat fu

Un avallo fondamentale per il governo fascista dinanzi all'opinione pubblica nazionale e internazionale, nonché una garanzia per la monarchia e per l'esercito, come fu sottolineato nelle prime uscite pubbliche del governo, in cui Mussolini cedette al Diaz il primo posto e i maggiori applausi[52].

La principale preoccupazione del Diaz come ministro della Guerra nei primi diciotto mesi del Governo Mussolini fu il riordinamento dell'esercito, in modo da porre fine alla confusa situazione creata dal sovrapporsi della smobilitazione, dei tentativi di riforma e modernizzazione e della resistenza passiva delle alte gerarchie. Il nuovo ordinamento dell'esercito, che il Diaz varò nel Gennaio 1923 con la rapidità permessa dai pieni poteri ottenuti dal governo Mussolini e poi tradusse in atto nel giro di un anno, rappresentava un sostanziale ritorno all'anteguerra, come risulta dalle scelte qualificanti: una vasta intelaiatura di comandi e reparti, con 30 divisioni quaternarie, 125 reggimenti di granatieri, fanteria, alpini e bersaglieri e 53 reggimenti d'artiglieria (rispettivamente 25, 116 e 51 nel 1910); la leva di diciotto mesi, invece dei dodici decisi nel 1919 dal governo Nitti, anche se ciò comportava una drastica riduzione del contingente annualmente incorporato; l'ampliamento del corpo ufficiali, salito a 18.400 uomini contro i 13.500 del 1910. con 3.400 ufficiali superiori e generali contro 1.900, per fronteggiare la sovrabbondanza di quadri dovuta alle promozioni di guerra; grave però fu la rinuncia, per problemi di bilancio, a sviluppare l'armamento dei battaglioni di fanteria, l'arma chimica, i carri armati- che peraltro proprio sotto il Ministero di Diaz vennero impiegati per la prima volta impiegati contro i ribelli in Libia- e i servizi automobilistici, e invece la conservazione di una nutrita rete di comandi, distaccamenti, magazzini, depositi e stabilimenti, come ricorda ancora Rochat.

L'ordinamento del Diaz ebbe indubbiamente il merito di porre fine ad una situazione di incertezze e di dare soddisfazione alle aspirazioni degli ufficiali in servizio; non seppe però tenere sufficiente conto delle esperienze del conflitto e delle aspirazioni degli ambienti di ex combattenti, che auspicavano un maggiore coinvolgimento del paese nella preparazione bellica, e invece conservò organici troppo ampi per le disponibilità finanziarie, tanto che al 1° apr. 1924 l'esercito contava solo

[51]Cadorna, *Lettere famigliari*, cit., p. 317

[52]Rochat, in *Dizionario Biografico*, cit.

125.000 uomini, con compagnie di 69 uomini assorbiti per tre quarti da servizi e presidi caratteristici di un esercito di caserma. E infatti l'ordinamento, esaltato acriticamente dalla stampa, si rivelò subito inadeguato alla situazione e, fallito il tentativo di riforma radicale del ministro A. Di Giorgio nel 1925, lasciò il posto nel 1926 all'ordinamento Badoglio-Cavallero, che meglio contemperava tradizioni, esperienze belliche e disponibilità finanziarie.

Diaz diede il proprio avallo alla costituzione della Milizia Volontaria per la Sicurezza Nazionala cui creazione era stata decisa nella prima riunione del Gran Consiglio del fascismo, tenuta la notte sul 13 Gennaio 1923, veniva stabilita la costituzione della M. V. S. N., sanzionata dal re il giorno successivo con un decreto nel quale era precisato che la Milizia doveva

Provvedere in concorso coi corpi armati della sicurezza pubblica, e con l'Esercito, a mantenere all'interno l'ordine pubblico; preparare e conservare inquadrati i cittadini per la difesa degli interessi dell'Italia nel mondo.

Era altresì detto che *la Milizia è al servizio di Dio e della Patria e agli ordini del Capo del governo.* inquadrando e istituzionalizzando lo squadrismo[53].
Quando Rochat scrive

Secondo ogni evidenza, il Diaz accettò la Milizia come un prezzo da pagare al fascismo e manovrò per diminuirne il ruolo militare, rifiutando l'equiparazione dei suoi ufficiali a quelli dell'esercito e l'impiego bellico dei suoi reparti[54]

dimentica che proprio con il ministero Diaz la Milizia ebbe il proprio battesimo del fuoco nella riconquista della Libia, nel 1923[55].
All'inizio del 1924 il Diaz decise di lasciare il ministero, sia per motivi di salute sia perché pensava di avere ormai portato a termine il proprio compito di riordinamento del Regio Esercito.
Il 30 aprile 1924 Diaz formalizzò le proprie dimissioni- fino ad allora congelate in vista delle elezioni, per non danneggiare il governo- e il suo successore fu il generale Antonino Di Giorgio, scelto col consenso dello stesso Diaz.
Dopo aver lasciato il ministero, il Duca della Vittoria venne nominato Vicepresidente del Comitato deliberativo della Commissione Suprema di Difesa, e ricoprì tale incarico fino alla morte.
Negli anni seguenti il Diaz continuò a dividere il suo tempo tra l'ufficio romano, la villa di Napoli, donatagli dalla cittadinanza, passando le vacanze estive a Capri, dove affittava una villa per l'estate.
Il 4 Novembre 1924 il sovrano nominò Diaz e Cadorna Maresciallo d'Italia, come s'è detto.
Nella primavera 1925 come senatore del regno si oppose al riordinamento dell'esercito proposto da Di Giorgio, tanto che il provvedimento venne ritirato, ed il ministro dette le

---

[53]Sulla costituzione della MVSN, Pierluigi Romeo di Colloredo, *Camicia Nera! Storia militare della Milizia Volontaria per la Sicurezza Nazionale dalle origini al 25 Luglio*, Bergamo 2017, pp. 11 segg.
[54]Rochat, loc. cit.
[55] Colloredo, *Camicia Nera*, cit., pp. 23 segg.

dimissioni. Il Duca della Vittoria cominciò a sentire sempre di più l'aggravarsi della bronchite cronica contratta sul Carso, che lo avrebbe condotto alla tomba immaturamente, tanto che, a causa dell'indebolimento delle proprie forze, diradò sempre più impegni pubblici ed interventi.
Quello che fu, insieme a Garibaldi, il generale più popolare ed amato della storia dell'Italia unita morì a Roma il 29 Febbraio del 1928; aveva soltanto sessantasei anni.
Il giorno seguente nella tornata del 1° Marzo, alla Camera dei Deputati, dopo il discorso commemorativo del presidente della Camera, On. Casertano, il Duce pronunziò, tra il religioso silenzio dell'assemblea, il seguente, splendido, discorso:

Onorevoli, camerati!
Dal momento in cui la notizia della morte del Duca della Vittoria, del Maresciallo d'Italia, Armando Diaz, è stata diffusa nel mondo, un velo di profonda tristezza avvolge l'animo del popolo italiano. Più acuta ancora, questa tristezza, percuote l'animo dei Combattenti, che vissero la grande guerra e conobbero, guidati da Diaz, la suprema ansietà e la divina certezza della Vittoria.
Oggi è giorno di dolore per tutti i fanti, che balzarono dalle trincee, per tutti i soldati d'Italia. Forse anche i non dimenticabili morti che dormono nei bianchi cimiteri delle Alpi o nella vasta, ferrigna necropoli di Redipuglia, si sono sentiti sfiorati stanotte dall'anima non più terrena del loro Condottiero.
La sua vita con una sola parola potrebbe essere esaltata e conchiusa: «dovere».
Questa parola religiosa e guerriera fu per lui norma e ideale. Vi è un momento della sua carriera militare che caratterizzi lo spirito di Armando Diaz: il suo volontario passaggio nelle fanterie, le fanterie mobili e sacrificate che non hanno mai contato i loro caduti, né mai misurato il loro sangue. Quale comandante di fanti, Armando Diaz partecipò alla guerra libica ed alla testa delle sue truppe fu gravemente ferito in combattimento.
Intanto montavano agli orizzonti dell'Europa tormentata e divisa i nembi annunciatori della tempesta. La guerra mondiale trovò Armando Diaz comandante di una Brigata, la *Siena.* I primi anni di guerra egli li visse nell'adempimento quasi anonimo del suo dovere. Partecipò alle spallate del Carso, fu una seconda volta ferito, combatté, soldato tra i soldati.
Così, fino alle giornate di Ottobre del 1917, fino al durissimo allarme che doveva svegliare capi e gregari, Esercito e Popolo. Inchiodata l'irruzione nemica alle rive del Piave, ecco Diaz (scelto con incomparabile acume da chi poteva) balzare al Comando in capo dell'Esercito. Gli eventi successivi dimostrarono che le speranze concepite allora erano pienamente giustificate.
Il popolo si ricompose in una ferma unità degli spiriti, i mutilati accorsero alle trincee, gli adolescenti partirono a colmare i vuoti, i veterani presero a motto del loro ardire la frase scritta da un fante sconosciuto: *Meglio vivere un giorno da leoni che cento anni da pecore*.
Rianimatore e riorganizzatore delle forze fu Diaz: spirito profondamente religioso, spirito umano fra uomini, comprese che i soldati non erano soltanto dei piastrini di riconoscimento, ma delle anime; comprese che il morale, invece di essere considerato come una fredda, quasi catechistica esercitazione meramente formale, dovesse costituire la preoccupazione costante, la cura assidua di tutti i Capi.
È in questo problema fondamentale di psicologia e nell'avere avvertito immediatamente questa necessità che Diaz rivelò, ancora prima del Giugno, le sue qualità di Comandante supremo.
La battaglia del Giugno, che fu una delle battaglie decisive della guerra mondiale, dimostrò che l'Esercito italiano era ormai così materialmente e moralmente armato da potere riguadagnare il territorio perduto e riafferrare la Vittoria.
Ottobre 1918. Avanzata fulminea oltre Piave.
Catastrofe dell'esercito nemico. Bollettino del 4 Novembre. Il nome breve e tagliente del Condottiero è in fondo alla pagina che rimarrà eterna nella Storia della Patria. La guerra è finita. La guerra delle armi è finita. È l'ora dei diplomatici. Dopo il sacrificio, il calcolo. Non soffermiamoci a lungo nei ricordi per non rendere più pungente la nostra amarezza.

Ma la guerra è finita in Italia? Non ancora. Bisogna ricominciare a battersi nelle strade e nelle piazze contro l'ignavia dei governi e la illusione asiatica delle masse, per difendere i diritti e soprattutto lo spirito della Vittoria.
La gioventù che aveva fatta la guerra ricostituisce col simbolo del Littorio romano e fascista le sue formazioni di combattimento. Armando Diaz, che aveva sofferto in silenzio, e aveva assistito da lungi alla mortificazione e alla profanazione, è con i giovani fascisti, è con la nuova Italia, quella di Vittorio Veneto, che a Napoli celebra l'adunata delle sue squadre prima di prendere Roma.
Comincia l'era nuova. Diaz è con noi, e assume il Ministero della Guerra. Poteva l'artefice della Vittoria offrire al Fascismo prova più solenne e pronta di simpatia e solidarietà? Tale simpatia e solidarietà non vennero mai meno. Anche nelle ore grigie, quando le fedi imbelli si piegano e gli spiriti crepuscolari s'interrogano, Diaz non dubitò mai e fu sempre leale, aperto difensore del Regime. Questo i fascisti sanno, questo le Camicie Nere non dimenticheranno mai!
Ora, il grande artefice della Vittoria ha varcato le soglie del mistero. La vecchia ferita di Zanzur ha abbreviato la sua agonia. La sua giornata terrena è finita. Domani tuoneranno i cannoni, sventoleranno le bandiere gloriose dei Reggimenti, il Popolo sosterà pensoso e memore a salutare il suo Capitano, che comincia a vivere la sua seconda vita immortale nei cieli della Storia.

Al Senato la commemorazione fu tenuta dal Presidente Tommaso Tittoni:

Onorevoli colleghi.
Raccogliamoci in ispirito, in mesta e commossa adorazione, nel tempio michelangiolesco, ove una bara racchiude la spoglia mortale di Armando Diaz. Con lui non abbiamo perduto soltanto un collega amato il cui nome suonava glorioso nel mondo. Ci è sembrato che con lui si dileguasse uno di quei grandi spiriti che accompagnarono l'Italia nel suo ricostituirsi a nazione. E simbolo egli fu veramente dell'ultimo grandioso sforzo del popolo italiano.
Si è di lui ricordato la luminosa carriera militare, il valore guerresco che gli valse la gloriosa ferita di Zanzur e la seconda ferita del Carso, l'opera sua silenziosa e felice di comandante di reparti, che ne rivelò, nonostante la modestia, le altissime doti, onde fu prescelto nell'ora tremenda, quando occorreva il cuore più saldo, la fede più incrollabile, la mente più acuta. Allora Armando Diaz con semplicità austera, posto d'improvviso alla testa dell'esercito, assunse con una calma ed una forza d'animo prodigiose, divinatrici, la tremenda responsabilità. È da questo momento che Armando Diaz passa alla storia della nuova Italia. Egli fu lo strumento fedele e geniale della nazione risoluta di risollevarsi e di vincere.
In modo mirabile egli seppe organizzare la resistenza dapprima, preparare la rivincita poi: con sapienza fatta di amorosa sollecitudine e di sorridente umanità non meno che di profonda conoscenza della psicologia guerresca, egli seppe rialzare l'animo dei soldati e degli ufficiali, ricondurre in tutti la fede nei destini della patria e cogliere il lauro di quella memoranda vittoria finale che egli annunciò coll'epico bollettino che rimarrà perennemente inciso nelle tavole della storia.
Ed il Governo, disponendo che la gloriosa salma, nell'ultima veglia, sostasse sull'Altare della patria presso il milite ignoto, non riassunse soltanto il sentimento del popolo italiano che congiungeva in un solo pensiero di riconoscenza il comandante supremo e l'umile fante, ma interpretò anche il generoso animo del condottiero il quale avea affermato che solo ai suoi soldati era dovuta la vittoria, come già pur dopo assunto il comando aveva proclamato che il contegno dell'esercito era pari alla grandezza dell'ora.
Ma, colla vittoria, non cessò Egli di servire la patria, nonostante che la sua salute fosse stata non poco provata dalle vicende di guerra.
Ed eccolo, messaggero d'italianità, compiere nel 1921 un lungo viaggio negli Stati Uniti, dove con un'incredibile resistenza fisica e morale, percorrendo tutto l'immenso continente e pronunziando centinaia di discorsi, seppe esaltare in tutta la sua grandezza la nostra vittoria, seppe far rifulgere il grandissimo, decisivo contributo dell'Italia, l'eroismo, il sacrificio della nostra gente. Il trionfo decretatogli allora dal popolo americano non meno che dalle colonie italiane assai giovò per

disperdere la nebbia d'interessati obblii intorno alla nostra vittoria che anche nemici interni con opera parricida insidiavano e profanavano.
Diaz soffriva e taceva in sdegnoso, mortificante silenzio: ma quando, Benito Mussolini, in nome dei fanti di Vittorio Veneto, salì al potere, egli sentì esser dovere patriottico offrire i suoi servigi come egli ebbe a dire, a "un Governo nazionale per la grandezza d'Italia". Ed accettò la carica di ministro della guerra, dando tutta la sua opera a risollevare l'esercito dalla crisi in cui era caduto. Ma l'intenso lavoro ne logorò la fibra ed egli fu costretto a lasciare la carica, fiero del dovere nuovamente compiuto, del bene fatto alla nazione.
Il magnanimo spirito di Armando Diaz è ora asceso tra gli Eroi della patria e di là ne propizierà le fortune, ne seguirà il trionfale cammino, ch'Egli in vita ha grandemente contribuito ad aprirle. La nazione tutta, in un solo slancio di amore e di pietà, ne ha pianto l'amarissima perdita e per i secoli avvenire ne venererà la memoria. Il Senato del Regno, che già si associò unanime al lutto della patria, dell'esercito, della famiglia desolata, ne esalta oggi nuovamente il nome e dice di lui come tacito del suo grande congiunto trionfatore dei Britanni: "Posteritati narratus et traditus superstes erit". (*Vivissime e generali approvazioni*).

CIANO, *ministro delle comunicazioni.* Chiedo di parlare.

PRESIDENTE. Ne ha facoltà.

CIANO, *ministro delle comunicazioni*. Onorevoli senatori. Il capo del Governo - nell'altro ramo del Parlamento - a poche ore dall'inatteso annunzio della morte del Maresciallo d'Italia Armando Diaz, duca della vittoria, nella singolare mestizia di quelle ore di virile dolore e di orgogliosa fierezza, scultoreamente diceva di lui e dell'appassionato accoramento del Governo fascista ai sentimenti di questa alta Assemblea; ma la formula sarebbe troppo fredda se non rievocasse quella commemorazione che, del Grande artefice della Vittoria, Re, Governo e Popolo hanno già insieme fervidamente celebrata in questa Roma immortale, componendone la salma nel tempio michelangiolesco, dopo la sosta sull'Altare della patria, accanto al Milite Ignoto. Commemorazione che, se fu superba e giusta esaltazione dell'Uomo, fu anche rievocazione di quell'anno memorabile di sacrificio, di passione, di ansie e di gioie che condusse alla vittoria.
Armando Diaz fu autentico trincerista che a Zanzur e sul Carso, con due ferite eroiche, consacrò il sacrificio e la dedizione alla patria. Salutiamo ed esaltiamo l'artefice della Vittoria, l'osservatore freddo ed acuto, il perfetto conoscitore di uomini e di sistemi, l'Uomo che alla scienza seppe unire la realtà dell'esperienza contingente e mutevole per avere in pugno tutti i mezzi del successo, che si compendia in due nomi sacri alla nostra storia: Piave e Vittorio Veneto; ma non dimentichiamo il colonnello di Sidi-Bilal, che, colpito gravemente, resta al suo posto per incitare alla vittoria e, solo quanto è certo del successo, cede allo strazio della ferita e consente di lasciarsi trasportare, dopo aver baciato la bandiera del suo 93° reggimento glorioso.
Dopo la guerra vittoriosa, Armando Diaz fu coi giovani che la guerra avevano fatta e che la vittoria vollero difendere.
Dopo la marcia rinnovatrice, chiamato dal capo del Governo ad un nuovo posto di responsabilità e di comando, entusiasticamente accettò. Sereno e forte al dovere sempre ed ovunque compiuto, affidò il suo laborioso passato al solo giudizio della storia e con animo giovanile si accinse al nuovo compito.
Onorevoli senatori. Il Governo fascista, espressione dell'intervento, della passione e dei sacrifici della guerra, nuovamente si inchina dinanzi allo spirito del Grande Condottiero nel nome di tutti i combattenti di terra, di mare e del cielo e di tutto il popolo italiano[56].

La salma di Diaz venne esposta sulla scalea del Vittoriano, di fronte al sacello del Milite Ignoto, poi, salutato dal rombo dei cannoni, dopo un'imponente corteo funebre, il Duca

---

[56]Senato del Regno, *Atti parlamentari. Discussioni,* 3 maggio 1928.

della Vittoria venne sepolto nella basilica di Santa Maria degli Angeli.
Nella sua casa natale, in via F. S. Correra- nel 1861 strada Cavone- a Napoli, non è stata apposta alcuna lapide commemorativa; e certo l'attuale amministrazione, assai poco incline al ricordo delle glorie nazionali, si guarderà bene dal farlo, anche nel centenario della guerra più importante combattuta dall'Italia, ma per certa parte politica vengono prima i disertori degli Eroi, quelli con la maiuscola.

CARICHE E DECORAZIONI DEL MARESCIALLO D'ITALIA ARMANDO DIAZ DELLA VITTORIA.

CARICHE E TITOLI

Colonnello (23 Giugno 1910)
Maggiore generale (1° Ottobre 1914)
Tenente generale (29 Giugno 1916)
Generale dell'Esercito (4 Novembre 1918
Ispettore generale dell'esercito (24 Novembre 1919)
Capo di Stato maggiore dell'esercito (8 Novembre 1917-24 Novembre 1919)
Vicepresidente del Consiglio dell'Esercito (Febbraio 1921)
Vicepresidente della Commissione suprema di difesa ([post 30 aprile 1924]-29 Febbraio 1928)
Socio onorario dell'Accademia dei Lincei di Roma (9 Marzo 1919)
Socio dell'Accademia nazionale di scienze, lettere ed arti di Modena (1918)
Membro del Comitato nazionale del Risorgimento
Maresciallo d'Italia (3 Novembre 1924)
Socio della Società geografica italiana (1919)

ONOREFICENZE

Duca della Vittoria, titolo concesso con regio decreto del 24 Dicembre 1921 e con regie patenti dell'11 Febbraio 1923
Cavaliere dell'Ordine della Corona d'Italia 24 Dicembre 1899
Ufficiale dell'Ordine della Corona d'Italia 4 Giugno 1914
Commendatore dell'Ordine della Corona d'Italia 31 Dicembre 1914
Grande ufficiale dell'Ordine della Corona d'Italia 30 Dicembre 1917
Gran cordone dell'Ordine della Corona d'Italia Giugno 1919
Cavaliere dell'Ordine dei SS. Maurizio e Lazzaro 13 Gennaio 1907
Ufficiale dell'Ordine dei SS. Maurizio e Lazzaro 5 Giugno 1915
Commendatore dell'Ordine dei SS. Maurizio e Lazzaro 9 Gennaio 1917
Gran cordone dell'Ordine dei SS. Maurizio e Lazzaro Giugno 1919
Ufficiale dell'Ordine militare di Savoia 16 Marzo 1913
Commendatore dell'Ordine militare di Savoia 24 Febbraio 1918
Gran cordone dell'Ordine militare di Savoia 24 maggio 1919
Cavaliere dell'Ordine supremo della SS. Annunziata 4 Novembre 1919

DECORAZIONI

Croce d'oro per anzianità di servizio
Medaglia commemorativa della guerra italo-turca
Medaglia d'argento al valor militare
Croce al merito di guerra

CAMPAGNE DI GUERRA

1911-1912 Guerra italo-turca
1915-1918 Prima Guerra Mondiale

**RELAZIONE UFFICIALE DEL COMANDO SUPREMO
SULLA BATTAGLIA
DI VITTORIO VENETO
E
BOLLETTINI DI GUERRA
DAL 24 OTTOBRE AL 4 NOVEMBRE 1918.**

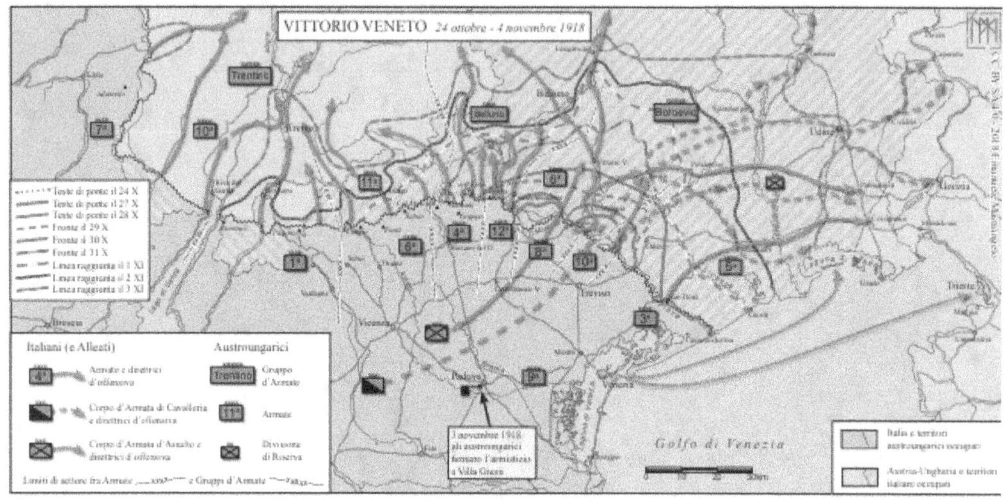

**La battaglia di Vittorio Veneto (24 Ottobre- 4 Novembre 1918).
(Cartina di E. Mastrangelo, da p. Romeo di colloredo, *Vittorio Veneto 1918. L'ultima battaglia della Grande Guerra*,Genova 2018)**

RELAZIONE UFFICIALE.

La convinzione che lo scioglimento più rapido del conflitto mondiale si sarebbe ottenuto con il mettere fuori causa l'esercito austriaco, in modo da isolare militarmente la Germania e costringerla alla resa, aveva sempre costituito il fulcro del pensiero del Comando Supremo e ne aveva ispirato l'opera fin dallo scorso inverno, cioè anche quando, ricostituita a prezzo di sforzi, che parvero sovrumani, la compagine dell'esercito, poteva sembrare che il problema più grave, se non l'unico, fosse quello di assicurare l'integrità tuttora minacciata del nuovo fronte tra l'Astico e il mare.
E mentre a garantire l'inviolabilità del fronte si provvedeva moltiplicando e rafforzando le difese, attuando uno schieramento delle forze che consentisse di fronteggiare ogni prevedibile attacco, gli animi, gli studi e le attività erano rivolti alla preparazione morale e materiale di un potente organismo offensivo; gigantesca molla pronta a scattare non appena fosse scoccata la sua ora.
Il concetto del Comando Supremo di risolvere la guerra battendo l'Austria era fondato sul principio di concentrare gli sforzi contro il nemico più debole. Ma, se dei due principali avversari dell'Intesa l'Austria poteva in tesi relativa considerarsi come il meno forte, il suo esercito si presentava tuttavia, in principio di primavera del 1918, in piena efficienza numerica, appoggiato a posizioni solidissime per natura e per arte, e sopratutto ben saldo, come rimase fino all'ultimo, nella sua compagine morale, negli armamenti e nelle risorse. Attaccare il nemico a fondo per metterlo fuori causa non era dunque ancora possibile, se non mediante un ulteriore concorso di forze e di artiglierie alleate che ci assicurasse la superiorità materiale necessaria al duplice scopo di potere spingere l'azione fino in fondo e di non rimanere, ad azione compiuta, con forze logore, su posizioni non preparate, esposti ad un potente ritorno offensivo che l'Austria potesse tentare con rinforzi germanici, tenuto conto delle forze tedesche disponibili sul fronte occidentale. E poiché, per esigenze in più vasto campo, su di un ulteriore concorso alleato non era possibile contare, perché anzi a fine Marzo, in seguito agli avvenimenti alla fronte occidentale, le forze alleate in Italia subivano una sensibile diminuzione, il nostro progetto offensivo dovette forzatamente limitarsi ad un'azione di minor raggio, per la quale bastassero le forze presenti in Italia ed i cui risultati pur calcolati secondo le ipotesi meno rosee rappresentassero tuttavia una tappa sicura verso la grande offensiva, da prepararsi e maturarsi in segreto, con tutte le forze della mente e dell'anima, nell'attesa dell'ora suprema.
Fu prescelto come settore per quest'azione l'altopiano d'Asiago, e ciò nell'intento d'acquistar spazio in una delle direzioni più vitali per il nemico, di liberarsi dalla minaccia che là incombeva per la scarsa profondità delle nostre posizioni montane, e di raggiungere così un fronte che fosse più forte e adatto a servire di base per un nuovo sforzo, ed anche più ristretta, così da permetterci di ottenere economia di forze e di accrescere la riserva necessaria per le operazioni finali. L'offensiva preparata d'accordo con gli Alleati, fu pronta a sferrarsi verso la fine di maggio, ma non poté essere sviluppata. Giungevano già dalla metà di maggio sicure notizie che gli Austriaci si disponevano a compiere un poderoso, disperato sforzo contro di noi. Veniva anche sicuramente indicato il settore d'attacco, fra Astico e mare. Il Comando si trovò di fronte al dilemma: attaccare per prevenire il nemico o attendere l'urto per rintuzzarlo?

La prima soluzione appariva la più seducente. Ma, ponderandola, risultava anche la meno opportuna e conveniente. Il nemico era già superiore in forze; nuove divisioni gli erano ancora sopravvenute, così da raggiungere un totale di circa 60, presto aumentate in seguito a 65, di contro a 56 nostre ed alleate; inoltre era pronto con tutte le energie tese per uno sforzo di intendimento decisivo. Il nostro attacco, sebbene fosse di riuscita certa, ci avrebbe però costretti a sguarnire tratti delicati del fronte, lasciandoli
sposti all'offesa nemica; e la vittoria sull'altopiano non ci avrebbe salvati, data la superiorità delle forze avversarie, dallo sfondamento del fronte in direzioni pericolose. Né dagli Alleati, già fortemente provati nelle azioni del Marzo ed ora nuovamente provati a fine maggio, era possibile attendere rinforzi. Anche perché già ai primi di Giugno l'imminente attacco austriaco appariva, secondo notizie pienamente attendibili, strategicamente collegato con un nuovo poderoso sforzo che i Tedeschi si apprestavano a ripetere sulla fronte occidentale per spezzare, prima che le forze americane fossero efficienti e speculando sull'effetto morale di una nostra sconfitta ritenuta certa, la barriera che i nostri valorosi alleati erano riusciti ad opporre alle loro due precedenti disperate offensive.
Convenne dunque attendere l'attacco. La nostra azione fu sospesa, e parte delle forze e delle artiglierie che vi erano destinate furono spostate a rinforzo dei settori meno muniti. Nello spazio di otto giorni il nostro impianto offensivo si trovò trasformato in potente organismo difensivo e controffensivo, con forti riserve per la manovra. Ma la nostra difesa strategica fu nel campo tattico, attacco violento, fulmineo, ostinato, incessante; attacco che prevenne la preparazione di fuoco di artiglieria del nemico mediante una poderosa contropreparazione destinata a recidere i nervi allo sforzo avversario prima ancora che si sviluppasse e fu proseguito poi senza tregua; fu urto contro urto. Le truppe, lungamente preparate ad offendere, si difesero attaccando. L'offensiva austriaca si sferrò il 15 Giugno: dove sfondò, come sul Montello e sul basso Piave, il nemico si trovò, immediatamente, nel giorno stesso, attanagliato da cento contrattacchi, preso alla gola, costretto a retrocedere, a ripassare in disordine il Piave
L'effetto di questa nostra poderosa reazione fu tale che i rapporti austriaci ufficiali affermarono essersi l'attacco incontrato con l'offensiva italiana in corso di sviluppo. Il nemico che si era ritenuto certo d'invadere la pianura veneta, che aveva tutto preparato per prenderne le belle città e per giungere al Po, a Milano, retrocedette sconfitto, disfatto, senza speranza di rinvicita. Così ebbero principio sul Piave le nuove sorti della guerra del mondo
Al principio di Luglio le condizioni del nemico ricacciato e demoralizzato erano tali che la guerra sarebbe stata probabilmente decisa se dalla difesa vittoriosa avessimo potuto passare immediatamente all'offesa. Il Comando Supremo considerò questa possibilità. Ma lo sforzo sostenuto, se non era valso ad infliggere al nemico perdite valutate ad oltre 200 mila uomini, aveva però imposto anche a noi un logoramento notevole. Il Comando Supremo aveva fatto il più accorto impiego delle riserve, così da disporre, a battaglia finita, ancora di sei divisioni non impiegate; ma di queste la cecoslovacca non era ancora pienamente organizzata, e due italiane erano giunte da altri settori, appena ritirate dalla linea, e perciò non riposate. Inoltre a mezzi logistici, già scarsi, che grazie a miracoli di oculatezza e di previdenza erano bastati ad alimentare la difesa ed a consentire il difficile e delicatissimo giuoco di riserve che ci aveva dato la vittoria, avevano però subito un forte logoramento ed anche per questo erano insufficienti per altre nuove operazioni di vasto raggio. E nemmeno mezzi di alcun genere potevamo attendere dagli Alleati, che avevano ingentissime forze da fronteggiare. Non si poté quindi sfruttare con un'immediata offensiva il successo conseguito nella battaglia difensiva; il programma d'azione, pur sempre

aggressivo, si limitò ad operazioni locali per riprendere, come fu fatto, i pochi tratti di terreno che nella zona montana erano rimasti al nemico; riuscimmo però anche, in una brillante avanzata in un terreno tenacemente difeso ed irto di insidie, a liberare la zona tra Sile e Piave Nuovo.
Per l'attuazione di un più vasto disegno operativo diretto a preparare la risoluzione della guerra bisognava dunque addivenire ad una nuova preparazione di uomini e di mezzi. E questa fu intrapresa senza indugio. Il rifacimento delle unità logore era già stata iniziato mentre ancora durava il ripiegamento nemico oltre il Piave. Per riordinare ed accrescere i mezzi logistici, ripristinare il munizionamento, aumentare al massimo i mezzi di offesa, fu fatto appello a tutte le energie dell'Esercito e del Paese, che corrispose mirabilmente, in una nobile gara di sforzi per il raggiungimento dello scopo supremo. Frattanto alla nostra vittoria sul Piave seguiva la brillante controffensiva francese di metà Luglio; sulla Marna, come già sul Piave, si apriva una nuova fase della lotta; crollavano per la Germania le ultime speranze di vittoria. La situazione che nasceva da questi avvenimenti era piena di promesse, ma gravi di incognite specialmente per il fronte italiano. Il rivolgimento prodottosi sulle sorti della guerra ne faceva sperare ravvicinata la soluzione; ma per raggiungerla occorreva prepararsi saldamente ed a fondo, colpire a tempo e giusto, evitare ogni mossa falsa che, in quel momento in cui l'equilibrio delle opposte forze appariva raggiunto e prossimo ad essere da noi superato, avrebbe potuto compromettere, e chi sa per quanto tempo, il risultato finale.
Complesso e delicatissimo fu pertanto il compito da assolvere.
Soltanto sul Piave e sulla Marna, perduta la speranza di ottenere sulla fronte occidentale quella rapida soluzione che gli era necessaria, poteva ora il nemico tentare un ultimo sforzo concentrando tutti i suoi mezzi contro l'Esercito dell'Intesa numericamente meno forte, cioè contro di noi. La possibilità di un rapido concentramento di forze tedesche sul nostro fronte, favorito dalla rete ferroviaria capace di rendimento quasi doppio di quello congiungente gli scacchieri occidentali ed italiano, i gravi e decisivi risultati che potevano derivarne, rendeva questa ipotesi logica, verosimile e pericolosa. Ad avvalorare questa ipotesi giungevano informazioni dalle quali risultava che il nemico orientava appunto in tal senso la sua preparazione. Il Comando Supremo doveva dunque, pur preparandosi ad offendere, non perdere mai di vista la necessità della difesa. Il programma, offensivo considerato in sé doveva proporsi di portare allo sforzo complessivo degli Alleati il più efficace concorso secondo due diverse soluzioni possibili: attacco a fondo, con tutte le forze, buttando nella bilancia fino all'ultimo uomo, nel caso che si delineasse sui fronti dell'Intesa la possibilità di superare veramente l'equilibrio delle forze e raggiungere di un sol colpo la decisione: oppure attacco di preparazione quale prima fase di uno sforzo più complesso nel caso che il nemico, sebbene già battuto, riuscisse a ristabilire un solido fronte difensiva in tutti gli scacchieri.
Ora questa situazione delicata promettente e grave nello stesso tempo, ci coglieva in crisi di complementi. La battaglia di Giugno ci era costata circa 90 mila uomini; e con ciò la miglior parte delle nostre riserve di uomini era stata assorbita. La classe del 1900 era in corso d'istruzione, ma il Comando Supremo aveva già fermamente deciso di risparmiare questa classe almeno fino alla primavera del 1919 per inviarla nel solo caso che la guerra dovesse prolungarsi per un altro anno; ciò che in quel momento non si poteva escludere. Rimaneva perciò in fatto di complementi poco più dello stretto necessario per supplire allo normali perdite delle unità mobilitate durante il secondo semestre del 1918. Ciò non sorprende se si pensa all'enorme sforzo già da noi sopportato, alle nuove unità man mano

ricostituite durante i mesi di rifacimento dell'esercito dopo l'Ottobre 1917, all'entità dei nostri contingenti in Albania (circa 100.000), in Macedonia (35.000), del nostro II Corpo in Francia (42.000), ed allo rimanenza pure in Francia, per lavoro sulle retrovie di quell'esercito alleato, di circa 70.000 lavoratori militari italiani, senza contare gli altri contingenti delle Colonie, in Russia e perfino in Palestina.
Fu questa, nel momento forse decisivo delle sorti della guerra, una gravissima preoccupazione del Comando Supremo, e ciò proprio quando sarebbe stato necessario avere la più larga disponibilità di uomini e di mezzi per poter agire senza ritardo, nel modo e nella misura che la situazione poteva da un momento all'altro rendere necessario. Per accrescere le riserve di complementi si rese disponibile nell'Esercito e nel Paese il maggior numero di uomini atti a combattere e sino allora impiegati in altri servizi; e si provvide rapidamente a completarne l'istruzione. I prescelti accorsero volenterosi ed Esercito e Paese gareggiarono di abnegazione e spirito di sacrificio per sopperire con minor numero ed esigenze, la cui misura nella prossimità di un'azione decisiva, anziché ridursi, si veniva moltiplicando così nel campo della produzione bellica come in quello della preparazione immediata.
Contemporaneamente a questi provvedimenti organici, il Comando Supremo riprendeva fin dai primi di Luglio la preparazione dell'attacco sull'Altipiano di Asiago. Però il disegno offensivo, grazie alla maggiore disponibilità di mezzi, specie di artiglieria, ottenuta frattanto dalla produzione nazionale, fu integrato con un progetto di attacco sussidiario da sviluppare alla regione del Pasubio, per tendere alla conquista del Col Santo e puntare verso l'altopiano di Folgaria che difende l'arteria della Valsugana. Ma parallelamente a tale progetto di operazioni, di raggio limitato concordato con gli Alleati, altro e più vasto disegno si veniva silenziosamente maturando nell'intorno del Comando, affidato allo studio di pochi uomini, custodito nel segreto più rigoroso.
Era questo il disegno tenuto pronto per il caso che un deciso mutamento nella situazione generale rendesse possibile e logico di tutto osare per risolvere con uno sforzo decisivo la guerra, lanciando, in un supremo impeto, tutte le nostre forze in una direzione vitale per l'avversario, fosse pure a costo delle perdite più gravi, ma in modo da spezzare il fronte e travolgerlo in una rotta definitiva.
In tal caso la preparazione, che sempre si sarebbe effettivamente compiuta sull'altopiano d'Asiago e in regione Pasubio, avrebbe servito con una forza più evidente ad incatenare l'attenzione del nemico e le masse delle sue forze da un settore diverso da quello prescelto, mentre truppa, artiglieria e servizi si sarebbero con la massima celerità concentrati nel nuovo settore d'attacco, realizzando così un fattore del successo, la sorpresa.
Nel frattempo, truppe e comandi si venivano febbrilmente addestrando e preparando per essere pronti a passare al momento voluto dalla guerra di trincea alla guerra di movimento.
Mentre, attraverso le più gravi difficoltà si predisponeva felicemente l'attuazione dei provvedimenti logistici più complessi affinché nessuna imprevista esigenza potesse coglierci impreparati; le unità erano alacremente allenate a lunghe marce, al passaggio di corsi d'acqua, al diverso impiego delle artiglierie ed a tutti gli sforzi della guerra manovrata.
Preparazione questa che risultò grandemente facilitata dalla scioltezza conferita alla compagine organica dell'esercito durante i mesi del suo riordinamento, dalla inscindibilità strettamente osservata dall'unita divisione e dalla possibilità di periodici cambi della divisione in linea ottenuta grazie al razionale schieramento adottato.
Ma durante l'intero mese di Agosto la situazione militare generale, sebbene in continuo miglioramento, non si delineò in modo da presentare e far prevedere prossimo un

mutamento decisivo, quale ora indispensabile perché l'Italia potesse finalmente giocare tutto per tutto. Proseguirono dunque senza interruzioni i preparativi per l'attacco sull'altipiano d'Asiago e sul Pasubio. Anche per questa preparazione, che, sebbene di raggio relativamente limitato, impegnava tuttavia metà dell'esercito, occorreva però assicurarsi di tutte le probabilità di successo con la più scrupolosa preparazione e con la scelta del momento. Si trattava di attaccare un nemico ancora superiore in forze, saldissimo, in posizioni fortissime

Dopo la nostra brillante vittoria sul Piave, che la mancanza di forze e di mezzi non ci aveva consentito di sfruttare, l'esercito austriaco, sotto la guida e con il concorso degli alleati germanici, si era riavuto dalla demoralizzazione ed aveva riparato al suo disordine. La pronta riorganizzazione nei comandi, il sollecito riordinamento delle forze, ottenuto con la costituzione e con il rifacimento delle unità leggere e mediante una rigorosa selezione degli elementi meno solidi; la più sollecita cura del benessere delle truppe combattenti, raggiunta imponendo i più duri sacrifici alle popolazioni dell'interno; tutto ciò aveva ridato ordine e forza all'esercito nemico.

Cosicché, se nell'interno della Monarchia le lotte delle nazionalità producevano i loro effetti disgregatori, la compagine morale e materiale dell'avversario rimaneva però intatta o quasi; e accaniti sopratutto, si dimostravano, e tali si dimostrarono poi anche durante la battaglia di Vittorio Veneto, ungheresi, croati, sloveni, quegli elementi appunto sui quali sembrava dovessero avere maggior presa i dissidi di nazionalità. Ciò ribadiva il convincimento che nessun importante effetto poteva aspettarsi da tale azione disgregatrice se non dopo un decisivo scacco militare inflitto al nemico. Dell'immutato spirito combattivo delle truppe avversarie si ebbero la sensazione e la misura in piccole azioni parziali sviluppate qua e là sul fronte delle truppe nostre ed alleate, e specialmente in un attacco da noi tentato nella regione del Tonale il 13 Agosto, attacco che incontrò la più accanita resistenza e una sapiente e perfezionata organizzazione del tiro d'artiglieria avversario.

Così essendo, data la nostra inferiorità numerica e la deficienza dei complementi e l'impossibilità di provvedere con le nostre sole riserve, la scelta del momento per l'attacco sull'altopiano diveniva compito assai delicato. Bisognava quindi seguire la situazione vigili ed agire senza esitazione al primo accenno di mutamento propizio. Mai il Comando Supremo si sarebbe indotto ad uno sterile sacrificio di uomini mentre si teneva in grado di tutto osare non appena la situazione lo rendesse utile o necessario.

I preparativi per l'azione progettata furono spinti in modo da essere pronti per la metà di Settembre. Ma gravi avvenimenti si svolgevano. A metà Settembre, infatti, iniziava sul fronte balcanica il vittorioso attacco dell'esercito alleato d'Oriente, ivi compresa la nostra 35a divisione, e fin dai primi giorni si ebbe la precisa sensazione del successo. Inopinatamente la fronte bulgara crollava cadendo a pezzo a pezzo sotto la pressione delle truppe alleate. Sebbene superiori per numero di combattenti, sebbene favoriti da posizioni munitissime rivelatesi per lungo tempo quasi inattaccabili, le truppe bulgare cedevano. Una vasta breccia stava per aprirsi sul fianco dell'impero austro-ungarico; per chiuderla il nemico avrebbe dovuto distrarre forze dal nostro fronte e rinunciare alla soverchiante superiorità numerica fino allora conservata. Ciò poteva forse creare la situazione sperata, da tanto tempo augurata, che ci consentisse di lanciare all'attacco tutte le nostre forze, nella direzione più rischiosa ma decisiva per risolvere finalmente la prova ! Situazione questa che, beninteso, non poteva maturare in un sol giorno. Bisognava seguire ogni mossa del nemico con occhio ancor più attento, sentirne il polso, ora per ora, per poter passare all'attuazione del progettato più vasto disegno di manovra nel preciso momento voluto.

Tutti i particolari del progetto operativo segretamente maturato erano stati intanto segretamente definiti: il 25 Settembre, quattro giorni prima della conclusione dell'armistizio bulgaro, venivano dati ordini per il rapido concentramento delle forze, delle artiglierie e dei mezzi tecnici nel settore d'attacco prescelto, non più sull'altopiano, ma in corrispondenza del Medio Piave; Vittorio Veneto doveva esser la prima tappa dell'avanzata in cui avremmo gettato tutte le nostre anime per strappare meritatamente la vittoria".
Concetto fondamentale dell'azione ideata dal Comando Supremo era di separare con deciso sfondamento la massa austriaca del Trentino da quella del Piave, indi con azione avvolgente produrre la caduta dell'intero fronte montana, ciò che, di riflesso, avrebbe determinato anche il completo cedimento della fronte nemica del piano. Per attuare questo concetto si tenne conto che delle due armate austriache (6a e 5a) schierate fra il Grappa e il mare, quella più settentrionale, la 6a, aveva la propria linea di rifornimento svolgentesi nell'ultimo tratto sul fianco sinistro, cioè nella situazione strategica più pericolosa. Fronte di questa armata: dalla conca di Alano (destra Piave) al Ponte della Priula, linea di rifornimento Vittorio -Conegliano-Sacile. Raggiungere Vittorio significava dunque recidere questa arteria vitale, impedire ogni rifornimento di viveri e munizioni, e perciò ridurre la 6a armata austriaca a nostra completa discrezione. Per rendere possibile la puntata su Vittorio si decise di rompere il fronte nemico nel punto tatticamente più debole, cioè alla giunzione tra le due armate austriache del Piave. Raggiunto Vittorio, il Comando Supremo si proponeva di concentrare il massimo sforzo verso l'alto, nel duplice intento:

1° di puntare con azione avvolgente su Feltre e cioè sul tergo del Grappa in modo da far cadere per manovra la difesa di questo imponente baluardo, col concorso dell'azione frontale delle truppe ivi schierate;

2° di raggiungere la convalle Bellunese per puntare di qui per le vie del Cadore e dell'Agordino, mentre le truppe avanzanti su Feltre e quelle scendenti sul Grappa avrebbero puntato per la via di Val Cismon e della Valsugana, portando così una decisa irreparabile minaccia a tutto lo schieramento austriaco della fronte tridentina.

La riuscita di questa vasta manovra era fondata essenzialmente sulla sorpresa e sulla rapidità dell'azione. Per ottenere la necessaria e decisa rapidità di sfondamento il Comando Supremo sapeva di poter contare non solo sull'accurato addestramento delle truppe compiuto di lunga mano e sulla perfetta preparazione, ma anche e sopratutto sulla convinzione, trasfusa nei capi e nei gregari, che lo sfondamento risoluto della fronte nemica ci avrebbe dato la vittoria definitiva. Quanto alla sorpresa, questa ci era assicurata dal carattere stesso della manovra che intendevamo svolgere, la quale si scostava, nel concetto, nelle forme e nei modi, da tutte quelle fino allora eseguite nella guerra; cosicché, pur ammettendo che al nemico, per i molti sintomi che difficilmente sfuggono, non sarebbe mancata la sensazione dell'attacco imminente, però la direzione e gli obiettivi del nostro sforzo principale non potevano essere da lui intuiti; ciò che gli avrebbe reso impossibile di parare adeguatamente ed in tempo, e lo avrebbe costretto, quando avessimo portato vittoriosamente il primo urto e sfondata la sua fronte, a subire interamente la nostra volontà.
D'altro lato, pur nutrendo assoluta fiducia nel successo completo e definitivo, il Comando Supremo non aveva trascurato di attuare le previdenze rese necessarie dalla considerazione che il passaggio di un fiume a regime torrentizio durante la stagione delle piogge, è

soggetto ad imprevisti che le più accurate osservazioni e le più accurate cautele non riescono ad escludere; mentre la presenza del fiume è di per sé elemento che può, col favore di circostanze anche di minor conto, valorizzare talvolta in modo imprevisto la resistenza del difensore. Tutto ciò fu previsto, da un lato moltiplicando i punti di passaggio e dall'altro regolando l'azione in modo da poter graduare il passaggio delle truppe; mentre la costruzione di teleferiche attraverso il fiume predisposta in tutti i particolari e la preponderante massa delle artiglierie operanti sulla riva destra dovevano assicurare, anche nel caso peggiore e non probabile, il sicuro mantenimento di grosse teste di ponte sulla riva sinistra evitandosi nel modo più sicuro di dover ripassare il fiume disastrosamente, come gli Austriaci nel Giugno.
Fu inoltre disposto che le truppe ricevessero tre giornate di viveri e che cinque giornate di viveri di riserva e di cartucce per fucile fossero accumulate in prossimità dei passaggi e delle teleferiche per essere trasportate al di là del fiume subito dopo le truppe.

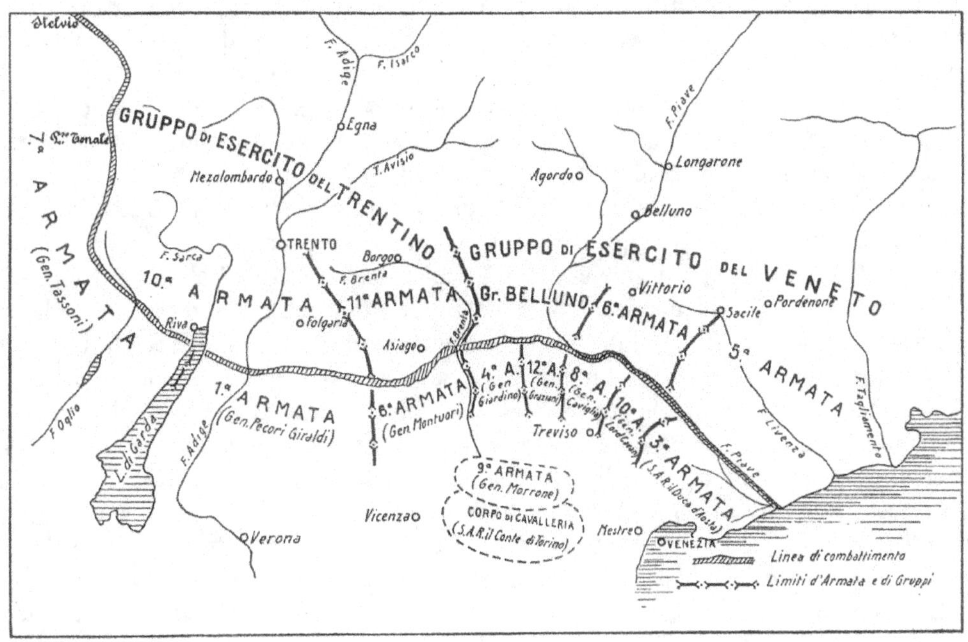

Cartina n. 1. La situazione alla sera del 23 Ottobre 1918

Per conferire elasticità all'azione ed assicurare a ciascuno degli atti fondamentali della manovra, unità di direzione e di impulso, fu anche stabilito di rendere maggiormente articolato lo schieramento fra Brenta e mare (armate IV, VIII e III) inserendovi due nuove armate, la XII e la X.
La XII Armata, inserita fra IV e VIII, tra il Monte Tomba e Pederobba, avrebbe avuto per compito le puntate su Feltre per il rovesciamento del Grappa, operando a cavallo del Piave dopo espugnate le difese della conca di Alano e le alture di Valdobbiadene; la X, fra VIII e III, doveva passare il Piave in corrispondenza delle Grave di Papadopoli e puntare alla Livenza, costituendo il fianco difensivo a copertura e protezione della manovra principale

dell'VIII Armata in direzione di Vittorio, e attirando su di sé le riserve nemiche raccolte nelle parti più basse della pianura. L'effettiva costituzione di queste due armate, non richiedendo per altro lunghe predisposizioni logistiche a causa della funzione puramente tattica delle armate medesime, venne per ragioni di segretezza differita quanto più possibile; i preavvisi ai comandi destinati furono dati per la X Armata il giorno 6 Ottobre e per la XII il giorno 11; la costituzione delle due armate fu attuata il 14 Ottobre.
Il comando della X armata fu affidato al generale conte CAVAN, comandante le forze britanniche in Italia; quello della XII al generale GRAZIANI, comandante delle forze francesi nel nostro fronte. Gli ordini per concentrare forze e mezzi necessari per l'azione emanati il giorno 25 ebbero inizio di esecuzione il 26. Nello spazio di 15 giorni, fra il 26 Settembre e il 10 Ottobre, circa 800 pezzi di medio e grosso calibro, altri 800 di piccolo calibro, più 500 bombarde si trasferirono sul nuovo fronte, in piccola parte dalla riserva generale, ma per la parte maggiore da lontane ed elevate posizioni di montagna, scelsero le loro posizioni, vi si installarono, prepararono i loro tiri, e con le artiglierie si concentrarono anche nello stesso periodo 2 milioni e 400.00 colpi; tutto ciò sotto una pioggia torrenziale e continua, in difficili condizioni sanitarie delle truppe; e ben 21 divisioni si concentrarono in pari tempo, per la maggior parte con marce a piedi e di notte, sul nuovo fronte, provenendo da dislocazioni arretrate o da altri settori. Sull'altopiano, per non fornire all'avversario indizi che avrebbero potuto riuscirgli preziosi, si dispose perché, pur sottraendo forze ed artiglieri, lo schieramento delle unità sulla prima linea, cioè a contatto col nemico, rimanesse costantemente immutato ed attivo.
Tutti i movimenti dovevano, secondo gli ordini, essere ultimati per il 10 Ottobre; e tali movimenti complessi, eseguiti quasi esclusivamente di notte e resi difficili dal maltempo, furono esattamente compiuti grazie alle più oculate previdenze ed alla cooperazione di tutti i comandi e delle Intendenze. Compiutasi così ordinatamente e rapidamente la preparazione, l'azione avrebbe potuto iniziarsi, come si voleva, il giorno 15. Ma la pioggia nuovamente sopravvenuta e la piena del Piave imposero un ritardo; il giorno 18 essendo peggiorate ancora le condizioni atmosferiche, si ebbe la certezza che il ritardo si sarebbe prolungato forzatamente per almeno una settimana, mentre dalla situazione militare generale, pienamente delineatasi nella prima quindicina di Ottobre, appariva ormai evidente che il nostro sforzo, se bene condotto, avrebbe portato alla decisione della guerra. Bisognava veramente, e si poteva, giocare tutto per tutto. Ogni altro settore poteva e doveva ormai essere sguarnito al massimo per tutto destinare a quello d'attacco. Con un supremo sforzo potevano ancora essere resi disponibili altri 400 pezzi; e poiché lo schieramento d'artiglieria sulla fronte del Piave appariva sufficiente per ottenere lo sfondamento decisivo, il Comando Supremo stabiliva dì rinvigorire con questi nuovi mezzi l'azione delle truppe schierate fra Brenta e Piave, secondo un progetto che il comando della IV Armata aveva studiato fin dall'Agosto e in relazione al quale si erano fatte sin d'allora predisporre le postazioni delle artiglierie di rinforzo occorrenti. Cosi la IV Armata, che avrebbe dovuto semplicemente cooperare all'azione principale svolta dall'VIII Armata e dalla XII, ricevette il compito di operare essa pure a fondo ed in modo da precedere l'attacco principale e prepararlo col richiamare in quella direzione le riserve nemiche dislocate nel solco Arton-Feltro e mirando a raggiungere, come obiettivo finale, il solco medesimo, ciò che avrebbe grandemente facilitato il raggiungimento degli obiettivi fissati.
I 400 pezzi resi disponibili furono tra il 19 e il 23 Ottobre celerissimamente trasportati sulla fronte del Grappa da settori lontani, persino dalle Giudicarie; giunsero, si appostarono, aggiustarono i loro tiri, e insieme furono concentrate le munizioni d'artiglieria

necessarie. Alla sera del 28 l'attacco era pronto a sferrarsi a fondo anche sulla fronte del Grappa.
Di un altro aspetto della nostra preparazione importa far cenno perché si possa comprendere il valore dello sforzo compiuto. Il nostro progetto d'attacco contemplava in primo tempo il passaggio del Piave, corso d'acqua importante, impetuoso e rapido, soggetto, specialmente nell'autunno, e piene che vietano qualsiasi gettata di ponti. La scelta del momento per effettuare il passaggio non poteva dunque essere lasciata al caso. Essa fu basata sullo studio accurato del regime del fiume durante una lunga serie di anni e sopra osservazioni dirette, minute e prolungate, circa l'andamento e le mutazioni dei filoni, la velocità della corrente, i punti di meno difficile per il passaggio.
Per effettuare il passaggio si provvide all'allestimento e alla raccolta dell'ingente materiale necessario. Ingente sopratutto perché l'impeto della corrente e la facilità per il nemico di distruggere con artiglierie e con bombe d'aeroplani i ponti gettati, imponeva di avere pronte cospicue riserve per le inevitabili continue sostituzioni. Una parte di questo materiale era stato approntato da tempo, nuove compagnie pontieri erano state organizzate e un'aliquota di esse trasformate dal traino animale e quello meccanico per ottenere maggiore rapidità di spostamenti; a preparazione compiuta grazie agli sforzi delle officine militari e private si ebbero pronti oltre 20 equipaggi da ponte regolamentari, ben 450 metri di passerella tubolare di tipo speciale su barche appositamente costruite, più materiale regolamentare (barconi, impalcate) per 4500 metri di ponte. Furono inoltre costruite o requisite nella laguna e nei fiumi e canali dall'alta Italia centinaia di barche e di barchette, si provvide alle ancore per migliaia di galleggianti, calcolando che la violenza della corrente avrebbe richiesto l'impiego di due ancore anziché di una per ogni barca da ponte o da passerella. Né basta; già nei giorni della preparazione si organizzò quanto occorreva per il sollecito ripristino dei ponti stabili sul Piave e su altri corsi d'acqua nei territori da liberare, concentrando nella regione di Treviso e di Mestre oltre 20.000 metri cubi di legname da ponte che furono sollecitamente lavorati e preparati sul posto, ferramenta ed accessori. Tutto nel prodigioso sforzo che ci apprestavamo a compiere doveva essere previsto nei particolari più minuti, tutto doveva essere ed era pronto per sfruttare interamente la vittoria nelle sue conseguenze più grandiose e più lontane.
Il nemico manteneva il fronte dallo Stelvio al mare con 63 divisioni e mezza, delle quali dall'inizio della battaglia 39 e mezza erano in prima linea, 13 e mezza in seconda e 10 e mezza in riserva. Nel settore da noi scelto per l'attacco, dal Brenta al Ponte di Piave, erano schierate 23 divisioni nemiche (18 in prima, 5 in seconda); e precisamente 8 divisioni in prima linea e 3 in seconda dal Brenta a Pederobba, 7 in prima e 2 in seconda da Pederobba ai Ponti della Priula, 3 in, prima linea dai Ponti della Priula a Ponte di Piave. Nelle retrovie nemiche erano disponibili 10 divisioni e mezza di riserve fatte avvicinare al fronte in previsione del nostro attacco, di cui qualche indizio era all'ultimo inevitabilmente pervenuto al nemico, e facilmente spostabili dall'uno all'altro settore grazie alla via d'arroccamento Trento-Feltre-Belluno. Complessivamente il Comando Austro-Ungarico poteva opporre direttamente e immediatamente alla nostra offensiva una massa di 33 divisioni e mezza senza indebolire alcun settore del fronte, consumando nei settori non attaccati un complesso di 30 divisioni e mezza.
Altre Divisioni eccellenti, in prevalenza costituite di elementi tedeschi e magiari, guarnivano i capisaldi, i pilastri della fronte d'attacco; tali erano la 40a divisione Honved (Col Caprile), la 42a *Honved* (Prassolin), la 13a Schutzen e la 17a (Solarolo), la 50a (Spinoncia), la 20a Honved e la 31a (stretta di Quero), la 41a e la 31° *Honved* (alture di Susegana)

la 29a e la 7a (regione delle Grave), la 64a e la 70a *Honved* (a nord di Ponte di Piave). La sistemazione difensiva nemica era formidabile: a linee successive nella regione del Grappa dov'era favorita anche da posizioni dominanti; a fasce di combattimento secondo il sistema detto della difesa elastica lungo il Piave. Tali fasce di combattimento, formate da centri di resistenza disseminati secondo le accidentalità del terreno e in modo da appoggiarsi a vicenda, si raggruppavano in due posizioni successive: la prima profonda circa 2 km a partire dalla sponda sinistra del Piave, coperta da trinceramenti avanzati sulla Grave di Papadopoli, aveva il nome di *Kaiserstellung* (posizione dell'Imperatore); la seconda, situata a circa 3 km. più indietro, si chiamava *Königstellung* (posizione del Re).
Mitragliatrici, cannoncini da trincea, bombarde in grandissima quantità costituivano insieme con gli altri mezzi di offesa del fante - il fucile e le bombe a mano- l'armamento e la difesa immediata delle opere nemiche. Potenti masse di artiglieria, in totale oltre 2000 pezzi, pronti ad eseguire fuochi preparati e controllati di sbarramento, d'interdizione, di controbatteria, erano addensate ai fianchi e dietro i singoli settori della difesa, così da sviluppare azioni di massima efficacia sia frontalmente, sia d'infilata. Tre distinte masse d'artiglieria difendevano la regione a nord del Grappa, in complesso 1200 pezzi; la prima massa portata sul margine orientale dell'Altopiano di Asiago, ad occidente del Brenta, comprendeva oltre 400 pezzi; la seconda, distribuita a cavallo della Val di Seren, contava circa 600 bocche da fuoco; la terza, ad oriente del Piave, nella zona Segusino-Valdobbiadene, noverava circa 200 pezzi. A queste tre masse noi contrapponevamo complessivamente circa 1800 pezzi, di cui circa 500 sul margine orientale dell'altopiano di Asiago, circa 860 nella zona del Grappa e 500 nella regione Monfenera- Pederobba. Di fronte al nostro settore Pederobba-Palazzon erano raggruppati in tre distinti ammassamenti circa 500 pezzi; il primo sulle colline tra Valdobbiadene Colbertaldo, il secondo nella piana di Sernaglia, il terzo nella zona Collalto- Susegana- S. Lucia di Piave- Mandre.
A queste artiglierie erano contrapposte una nostra massa di circa 450 pezzi nella zona di Cornuda e 1700 pezzi nella zona Montello-Palazzon, contro la fronte principale di sfondamento. Finalmente circa 350 bocche da fuoco potevano essere impiegate sulla fronte alle Grave di Papadopoli, dove erano schierati circa 600 pezzi italiani. Complessivamente da parte nostra oltre 4750 pezzi di artiglieria d'ogni calibro, ivi comprese circa 600 grosse bombarde, potevano concentrare il loro tiro distruttore sulla fronte d'attacco. Vennero accumulati presso la fronte, per l'azione, 5.700.000 colpi (8 giornate di fuoco). La fronte era da noi tenuta complessivamente con 51 divisioni di fanteria italiana, 3 britanniche, 2 francesi, 1 cecoslovacca e il 332° reggimento di fanteria americano.
La massa destinata a rompere il fronte nemico nella fase iniziale della lotta e a sfruttare il successo fu composta di 22 divisioni di fanteria di prima linea, delle quali due britanniche e una francese; Armate: IV (tenente generale GIARDINO), XII (generale GRAZIANI), VIII (tenente generale CAVIGLIA), X (generale Conte di CAVAN); 19 divisioni italiane (15 di fanteria e 4 di cavalleria) e la divisione cecoslovacca erano tenute in seconda linea quale riserva o potenti masse di manovra; queste divisioni costituenti la IX Armata (tenente generale MORRONE) ed il Corpo di Cavalleria (S. A. il CONTE di TORINO) erano alle dirette dipendenze del Comando Supremo.
Conscio della gravità e della grandiosità dello sforzo che stava per richiedere all'esercito, il Comando Supremo, dopo avere atteso con fermezza il momento propizio, si apprestava ormai a lanciare tutte le sue truppe nella lotta, di cui intravedeva i risultati decisivi per l'Italia e per la causa comune degli Alleati ! E la manovra, lungamente meditata, maturata, voluta, doveva, come avvenne, svilupparsi esattamente secondo il disegno prefissato,

colpire l'avversario di sorpresa nella direzione più vitale e produrre, senza più rimedio, il crollo dell'intero suo fronte.

Fra il Brenta e il Piave il nostro fuoco d'artiglieria iniziò alle ore 3 del 24 Ottobre. Alle 7,15 le fanterie mossero all'attacco. Una fitta nebbia, trasformatasi poi in pioggia dirotta, venne presto a limitare l'efficacia delle opposte artiglieria, ma non impedì la lotta vicina delle fanterie o delle mitragliatrici che assunse subito carattere di grande accanimento.

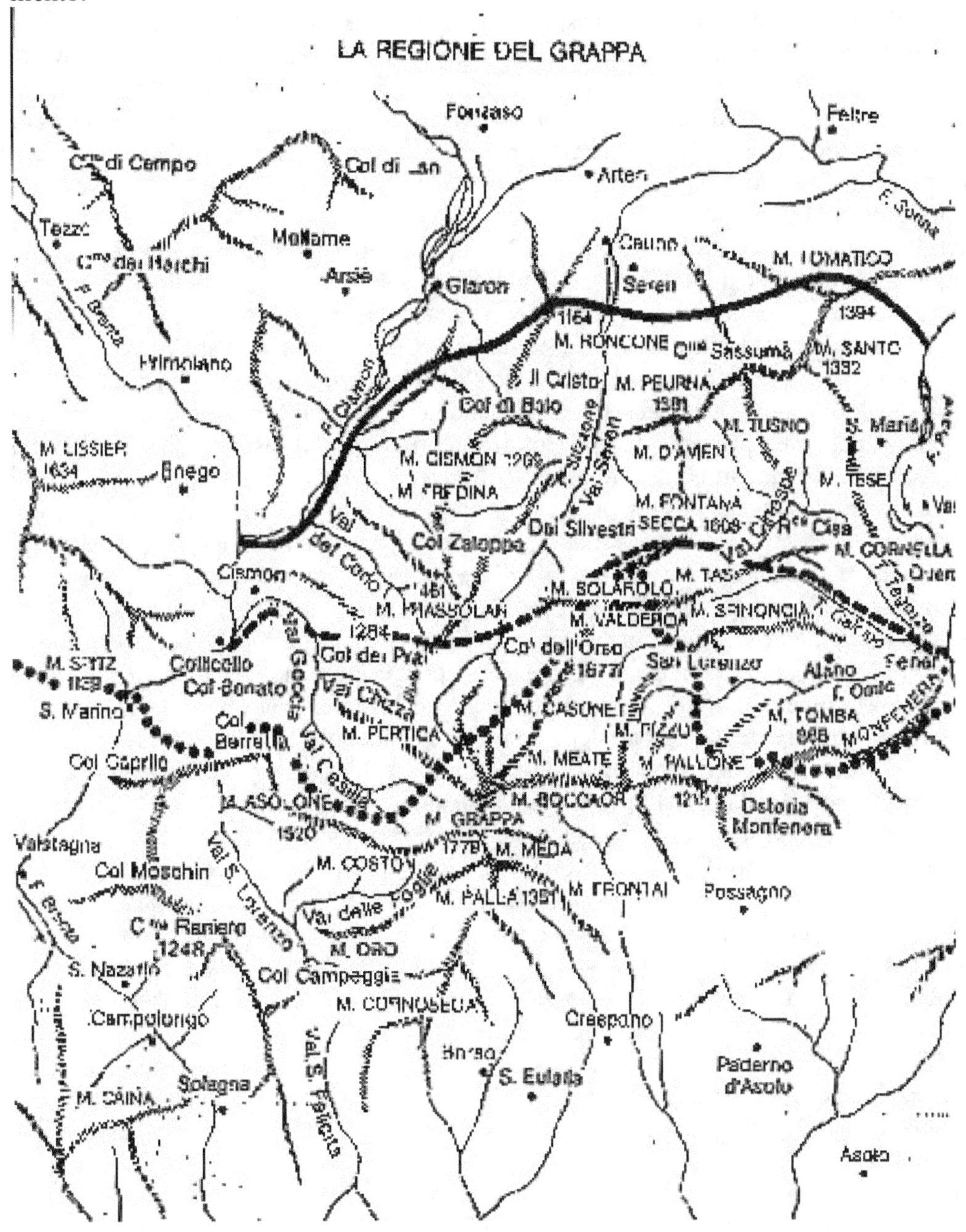

Cartina n. 2. La regione del Grappa.

L'Asolone, occupato di slancio, dovette essere abbandonato sotto una tempesta di fuoco di mitragliatrici incavernate e sotto la pressione di violenti contrattacchi. La brigata *Pesaro* (239° e 240°) conquistò il Pertica e il XXIII Reparto d'Assalto ed altri elementi s'impadronì di quota 1484 di M. Prassolan; ma flagellati e decimati dal fuoco avversario, furono anch'essi costretti a ripiegare a ridosso delle posizioni raggiunte, dove resistettero fortemente, annidati nelle buche dei proiettili. La brigata *Lombardia* (73° e 74°) attanagliò con le sue colonne d'attacco le vette dei Solaroli e occupò quelli di quota 1671. La brigata *Aosta* (5° e 6°) strappò al nemico in aspra lotta il Valderoa, catturando i resti del presidio. Vano fu l'attacco allo Spinoncia, che svelava mitragliatrici in ogni roccia e opponeva ai nostri l'ostacolo di pareti quasi a picco. Più ad oriente il 2° battaglione del 96° fanteria (brigata *Udine*) con ardite puntate s'impadroniva del Col di Vajal e iniziava la scalata di Punta dello Zoc. L'ala sinistra della XII Armata, appoggiando l'azione della IV, scese dal Monte Tomba e dal Monfenera nella conca di Alano e riuscì a stabilirsi sulla sponda nord del torrente Ornic.
Nelle sanguinose azioni furono catturati 1300 prigionieri e numerose mitragliatrici. Nel tempo stesso pattuglie d'Assalto della 1a Armata in Val d'Astico e sul ciglione sud di Val d'Assa, speciali colonne d'attacco della VI Armata sull'Altopiano d'Asiago irrompevano nei posti avanzati del Redentoro (Val d'Astico) e di Cima Tre Pezzi -Val d'Assa), nei trinceramenti di Canove, del Sisemol, di Stenfle e del Cornove allo scopo di allarmare l'avversario e di impegnarlo in quei settori impedendogli di spostar forze verso la regione del Grappa, e, dopo mischie violente, ne riportavano prigionieri. Il Sisemol, spazzato da una colonna francese che catturò l'intero presidio, fu mantenuto per l'intera giornata allo scopo di accentuare l'azione dimostrativa. La resistenza accanita incontrata nella regione del Grappa non fece mutare i propositi del Comando Supremo, che ordinò di insistervi per fiaccare la resistenza del nemico ed assorbirne le riserve; intanto l'attacco in forze del medio Piave, stabilito per la notte sul 25, doveva ancora per le avverse condizioni atmosferiche nuovamente sopravvenute, essere differito di qualche giorno. Le acque del fiume, gonfio nei giorni precedenti, erano venute lentamente decrescendo, tanto che nelle prime ore del 24, truppe delle XII Armata, britanniche ed italiane, erano riuscite, secondo gli ordini, ad occupare, nella regione delle Grave di Papadopoli, le isole di Cosenza, Lido, Grave e Caserta. Ma poco dopo, nello stesso giorno, scatenatasi repentinamente una violentissima pioggia nella zona montana e nella pianura, si manifestava un nuovo aumento, tanto che nella zona stabilita per la gettata dei ponti tra Pederobba e Sant'Andrea di Barbarana, anche nei punti di minor profondità, ai guadi, il livello dell'acqua era salito fino ad 1.55 e la velocità della corrente superava in più punti i tre metri al secondo; per altro le osservazioni precedenti facevano prevedere che questa fase di aumento sarebbe stata di breve durata.
Fu perciò deciso di rimandare il passaggio del fiume alla sera del 26, e nell'attesa si continuò col massimo vigore, l'azione preparatoria".
Il 25 da una parte la X Armata consolidava il possesso della Grave, dall'altra la IV, rinnovata l'azione dell'artiglieria, continuava la sua offensiva concentrando gli sforzi sui punti che il nemico difendeva con maggiore accanimento: Col della Berretta, Pertica, Asolone, Solarolo, Valderoa.
Il IX Reparto d'Assalto, scattando irresistibilmente dall'Asolone, travolse le linee nemiche, conquistando con la 3a compagnia la quota 1486 e con altre due giungendo di slancio sul Col della Berretta. Circa 800 nemici, di cui tre battaglioni bosniaci, furono catturati; il 44° reparto d'assalto ungherese distrutto. Parte degli avversari fu inseguita fino a Col

Bonato, parte incalzata in fondo di Val delle Sabine. Il nemico, riavutosi dalla sorpresa, contrattaccò con forze schiaccianti da ogni parte gli arditi, i quali, dopo una mischia feroce, riuscirono a rompere il cerchio che li stringeva e a rientrare nelle linee. Il XVIII reparto d'assalto ed elementi della brigata *Pesaro* (239°, 240°, dopo sei ore di accanita lotta, che costò loro gravi perdite ma assai più gravi al nemico, si affermarono sul Pertica, catturando i superstiti difensori e una quarantina di mitragliatrici.

La brigata *Bologna* (39°, 40°) espugnò monte Forcelletta e si portò sotto la vetta del Col del Cuc prendendo prigionieri e materiali. Fanti della brigata *Lombardia* (73° e 74°) e alpini dei battaglioni *Val Cordevole* e *Levanna* rinnovarono assalti su assalti contro le vette nude e tormentate del Solarolo, senza riuscire a conquistarne il possesso. Oltre 1400 prigionieri furono catturati nella dura giornata. Lotta disperata su tutto il fronte, ma non vana: oltre ad aver perduto posizioni di capitale importanza (M. Pertica e M. Forcelletta), il nemico, profondamente scosso dalla potenza e dalla violenza degli attacchi, sentendo acuirsi il pericolo dello sfondamento verso la conca di Feltre, impegnava nella difesa della regione del Grappa non solo le sue riserve immediate, ma anche quelle che teneva nelle retrovie del Feltrino e del Bellunese. Veniva così a privarsi delle forze che a noi premeva appunto fossero neutralizzate, per impedirne lo spostamento verso il fronte della nostra VIII Armata.

Nella giornata del 26, la battaglia sul Grappa proseguì serrata, accanita, con fluttuazioni continue; 1200 prigionieri furono catturati. Due delle divisioni di riserva e le artiglierie di una terza incalzavano il fronte del nemico, il quale aveva così in linea, fra Brenta e Piave, 9 divisioni contro le 7 italiane che assalivano e che proseguivano instancabili la loro durissima azione di logoramento.

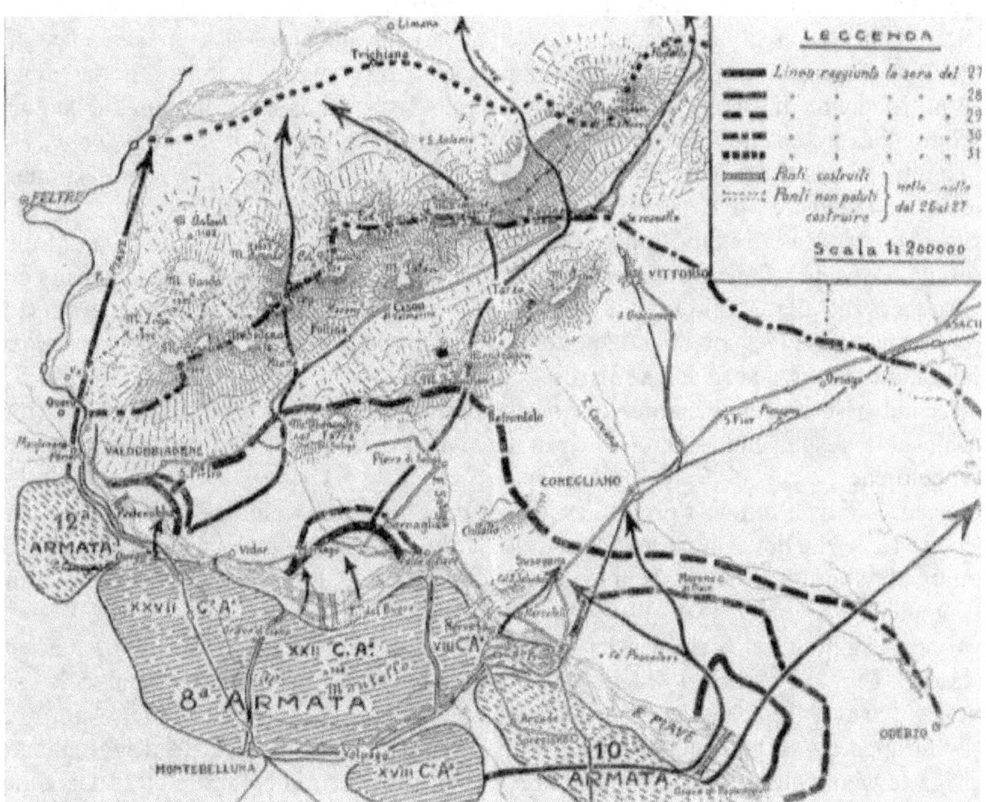

Cartina n. 3. Le operazioni dell'8ª Armata.

Migliorate le condizioni atmosferiche e diminuita la violenza della corrente, la sera del 26 furono cominciati i lavori per la gettata dei ponti attraverso il Piave che dovevano essere undici: uno a Molinello (Pederobba) sul fronte della XII Armata, 7 tra Fontana del Buoro (Montello) e i Ponti della Priula (sulla fronte dell'VIII), 3 alle Grave di Papadopoli, sulla fronte della X. Nel settore che doveva essere sfondato e precisamente sulla fronte dell'VIII Armata, tra Vidor e Nervesa, il compito della rottura era stato affidato al Corpo d'Armata d'Assalto, organismo formidabile comandato dal generale GRAZIOLI, ch'era composto della la Divisione d'Assalto del generale ZOPPI e della 2a Divisione d'Assalto del generale DE MARCHI. Ma quest'ultima divisione non poté passare il fiume non essendo stato possibile gettare il ponte presso Nervesa. Questo non fu il solo ponte che non si riuscì a gettare; altri cinque, tra i sette su cui dovevano passare gli arditi non si poterono gettare per la violenza della corrente e il tiro aggiustato dell'artiglieria nemica, cosicché solo su sei si effettuò il passaggio delle truppe, quello di Molinello, due tra Fontana del Buoro e Falzè e i tre delle Grave di Popadopoli. I primi a passare su barconi, furono le Fiamme Nere del XII Reparto d'Assalto; seguì poi tutta la 1a Divisione d'Assalto.
All'alba del 27 le truppe passate sulla sinistra del Piave, dopo avere prese d'assalto le prime difese nemiche, formavano tre teste di ponte. La prima, nei pressi di Valdobbiadene, era tenuta da 3 battaglioni del 107 fanteria francese, da 3 battaglioni alpini italiani e da un reggimento della brigata *Campania*. Questo apparteneva al XXVII Corpo dell'VIII Armata; gli altri 6 battaglioni francesi e italiani appartenevano alla XII Armata.
Tutte queste truppe, sempre combattendo, raggiunsero verso sera la linea Osteria Nuova-S. Vito-Madonna di Caravaggio-Funer-Cà Settolo. La seconda testa di ponte, nella piana di Sernaglia, era costituita da truppe della VIII Armata: a sinistra la brigata *Cuneo* (7° e 8°) e altri elementi del XXVII Corpo, al centro la maggior parte della 57a divisione, a destra la 1a Divisione d'Assalto e il LXXII Reparto d'Assalto del XII Corpo.
Prima a passare fu la 1a Divisione d'Assalto, che con impeto occupò la Linea dei Molini, Moriago, Mosnigo, Fontigo e Sernaglia. Mentre gli Arditi si battevano e avanzavano e lo stesso facevano alla sinistra le altre truppe, la corrente impetuosa e le artiglierie avversarie spezzavano e travolgevano i ponti, mettendo le truppe passate in difficilissima condizione. Malgrado ciò l'azione offensiva fu proseguita.
Attaccando risolutamente in direzione nord ed est gli arditi occuparono Falzè, Case Moro e Chiesuola, respingendo numerosi contrattacchi ed ostacolati da centinaia di mitragliatrici nemiche.
Parecchie migliaia furono i prigionieri catturati. A metà della giornata un tentativo d'attacco in forze che doveva, partendo da Case Moro, tagliare in due lo schieramento del 3° Gruppo d'Assalto fu sventato da una piccola schiera del XX Reparto d'Assalto, che catturò la colonna avversaria.
Nel pomeriggio gli attacchi nemici si fecero violentissimi. Il LXXII Reparto, attaccato presso C. Mira e Boaria del Magazzeno da forze tre volte superiori, le respinse, le contrattaccò, le avvolse, le catturò.
Il 3° Gruppo d'Assalto, rimasto scoperto al fianco sinistro e minacciato d'aggiramento; ripiegò leggermente solo per ubbidire ai comandi superiori; le batterie della I Divisione

d'Assalto si comportarono eroicamente nei momenti più critici; molti prigionieri nemici, riarmatisi con le armi disseminate sul campo di battaglia, attaccarono alle spalle gli arditi, che, rivoltatisi, ne fecero un macello. La notte, arditi e fanti della brigata *Pisa* repinsero forti contrattacchi sulla linea presso la Sernaglia. La terza testa di ponte fu formata dalle truppe della X Armata, che, passato il fiume, dilagarono nella pianura di Cimadolmo.
Aspri contrasti dovettero sostenere l'XI Corpo d'Armata italiano (ala destra della X) e il XIV Corpo britannico (ala sinistra): il primo, contrattaccato verso sera violentemente, ripiegò lievemente, il secondo, occupato Borgo Malanotte, fu costretto ad abbandonarlo dalla violenza dei contrattacchi avversari, ma poco dopo tornò a rioccuparlo. Sul fronte della X furono, nella giornata del 27, catturati 5600 prigionieri e 24 cannoni.

La notte del 28 si lavorò senza posa a riattivare i ponti interrotti lottando contro tutte le difficoltà create dalla pioggia, che aumentava il volume e la velocità delle acque, e dal nemico che aveva intensificato il fuoco delle proprie artiglierie ed il tiro con proietti a gas ed iprite. Anche in questa seconda notte l'VIII Corpo d'Armata non riuscì a gettare alcun ponte sul suo fronte tra Falzè e Nervesa. Veniva così a prodursi una vasta soluzione di continuità oltre il fiume fra le truppe dell'VIII Armata e quelle della X. Per colmarla e per agevolare il passaggio dell'VIII Corpo, al quale era affidata l'azione risolutiva su Vittorio, il Comando dell'VIII Armata aveva disposto che altro Corpo di Armata, il XVIII, della propria riserva, passasse il Piave sui ponti della X Armata, per operare nella giornata del 28 dal fianco sinistro di questa in direzione sudnord, puntando su Conegliano e venendo così a liberare in gran parte la fronte dell'VIII, in modo che questo potesse a sua volta effettuare sicuramente il passaggio nella notte successiva.

La mattina del 28 il XVIII Corpo iniziava il passaggio a Salettuol sui ponti della X Armata, pure interrottisi durante la notte e riattati a fatica, e contemporaneamente nuove truppe della XII e dell'VIII Armata (XVII e XXII Corpo) passavano il fiume fra Pederobba e Falzè. L'azione riprendeva su tutta la fronte. Tutta la XII Armata attaccava a cavallo del Piave verso nord; espugnava Alano sulla destra del fiume e le alture di Valdobbiadene (M. Pianar e M. Perle) sulla sinistra, e catturava alcune migliaia di prigionieri. Intanto sul fronte dell'VIII Armata le truppe del XXVII e del XXII Corpo, passate per prime oltre il fiume e rimaste ancora isolate per una nuova rottura dei ponti, resistevano impavide a continui contrattacchi: le instancabili artiglierie le proteggevano dalla riva destra fulminando il nemico e gli aeroplani le rifornivano di viveri, cartucce, coperte.

Ma la tenacia di tutti vinceva la crisi. Il XVIII Corpo, riuscito a far passare oltre il fiume soltanto la brigata *Como* (23° e 24°) e un reggimento della brigata *Bisagno* (209° e 210°), lanciava questa truppe all'attacco risalendo la sinistra del Piave, e a sera, rovesciata ogni resistenza nemica, aveva oltrepassato la ferrovia di Susegana in corrispondenza dei ponti della Priula, aprendo così la via di sbocco all'VIII Corpo d'Armata. Più a sud il XIV Corpo britannico e l'XI Corpo italiano della X Armata, allargando la breccia già aperta nella *Kaiserstellung*, dilagavano a oriente attraverso la pianura e raggiungevano la linea del Monticano. Lo schieramento dell'avversario sulla riva sinistra del Piave era ormai spezzato in due tronconi; quello meridionale era immobilizzato dalla X Armata, e quello settentrionale, ancora aggrappato alle colline di Conegliano, minacciato di avvolgimento dall'VIII Corpo d'Armata, doveva cedere. L'VIII Armata ripigliava la sua libertà d'azione e la manovra il suo persistente svolgimento.

Nelle prime ore del 29, infatti, l'VIII Corpo, gettati i ponti della Priula, si lanciò a sua volta all'attacco; superata la linea nemica di Marcatelli, s'impadronì di Susegana, e mentre il XVIII Corpo occupava Conegliano, spingeva in avanti con fulminea mossa una colonna

celere (lancieri di *Firenze* e bersaglieri ciclisti) ad occupare Vittorio, che fu raggiunto verso sera. Nel frattempo le truppe della XII Armata, alpini della 52a divisione, fanti della 23a divisione francese e del 1° Corpo italiano, conquistarono M. Cesen, posizione importantissima per il dominio che essa ha sulla stretta di Quero e verso la conca di Feltre; occupavano Segusino e raggiungevano Quero. Particolarmente notevole fu l'avanzata della 52a divisione per la conquista di M. Cesen, compiuta vincendo aspre difficoltà del terreno, rese anche più gravi dalla tenace resistenza nemica. Successivamente colonne dell'VIII Armata irrompevano nel solco S. Pietro di Barbozza-Serravalle, e oltrepassavano Follina. La X Armata varcava il Monticano su ampia fronte. Oltre 8000 prigionieri e un centinaio di cannoni erano catturati dalle Armate XII, VIII e X.
Nel frattempo sul fronte della IV Armata, il nemico, sempre impegnandosi nella lotta, il giorno 27 era passato alla controffensiva: otto attacchi sferrava contro il Pertica, tutti respinti; per sei ore il combattimento infuriò intorno alla vetta e i cadaveri si ammucchiarono sulle sassose pendici. Sul Valderoa, *Aosta* (5° e 6°), benché soverchiata da forze preponderanti, s'abbrancò alla cima e non piegò. Un'implacabile azione d'artiglieria si svolse da parte nostra il 28; il 29 si riaccese la lotta delle artiglierie sull'Asolone e in Val Cesilla; le colonne italiane tendevano dall'Asolone al Col della Berretta per favorire l'ampliamento dell'occupazione del Pertica e l'espugnazione del Prassolan e del Solarolo e per slanciarsi alla conquista della conca di Feltre, lungo i contrafforti del Roncone e del Tomatico. Il nemico oppose una resistenza accanita, contrattaccò instancabile, recò nella lotta le sue ultime riserve, portando ad 11 le divisioni di linea. Cosi la IV Armata, pur non potendo raggiungere sul terreno l'obiettivo finale assegnatole di interrompere materialmente le comunicazioni fra le truppe nemiche della zona alpina e quelle del piano, riusciva con la sua tenacia nel compito di cooperazione immediata logorando le riserve che l'avversario teneva nella conca di Feltre e impedendo loro di poter essere lanciate nella pianura ad arginare la breccia aperta dall'VIII, dalla X e dalla XII Armata.
La disfatta nemica, già delineatasi fin dal giorno 28, decisa il 29, precipitava il 30. Sotto l'inesorabile pressione combinata dalle altre armate di manovra, il fronte frettolosamente rinsaldato dal nemico su posizioni retrostanti veniva di nuovo sfondato in più punti. L'VIII Armata, svolgendo brillantemente il compito assegnatole, convergeva a sinistra con rapida avanzata, si slanciava sulla dorsale delle Prealpi ad oriente del M. Cesen, contro la stretta di Fadalto e sul Consiglio, e puntava alla convalle Bellunese. La I Divisione di cavalleria veniva lanciata in avanti tra l'VIII e la X, obiettivo la Livenza a nord di Sacile, e più oltre il Tagliamento.
Così delineatasi la situazione, il Comando Supremo ritenne giunto il momento di far entrare in azione anche le truppe schierate sul basso Piave. La III Armata che, agli ordini di S. A. R. il DUCA D'AOSTA aveva fortemente impegnato il nemico di fronte ed attendeva la sua ora, ebbe l'ordine di attaccare. Con l'appoggio di una divisione fatta passare attraverso i ponti della X Armata e spinta verso sud, lungo il Piave, forzò in aspra lotta gli sbocchi di Ponte di Piave, di Salgaredo, di Romanziol, di S. Donà ed avanzò decisamente nella piana, sebbene fortemente ostacolata dall'avversario che si accaniva in tenacissima resistenza di retroguardie per coprire il ripiegamento delle proprie artiglierie. Oltre 3000 prigionieri furono catturati in quella giornata. A sera, dopo vivaci combattimenti, le truppe della XII Armata si erano aperta la stretta di Quero ed avevano allargato la loro occupazione del massiccio del Cesen; l'VIII Armata, raggiunta la cresta della dorsale prealpina da M. Cesen a M. Pezza, combatteva al passo di San Boldo. Più ad oriente aveva forzato la stretta di Serravalle, a nord di Vittorio, oltrepassato Breda Fregosa, Sarmede e Caneva.

La X e la III Armata avanzavano verso la Livenza.
Così la battaglia si svolgeva con esatto ritmo crescente secondo il disegno prestabilito. Il Comando austro-ungarico, tratto in inganno dai nostri due sforzi alle ali, sul Grappa e alla Grave di Papadopoli, si era lasciato assorbire verso il Grappa le riserve del Feltrino e verso la X Armata, che aveva il difensivo compito di fianco, la più gran parte delle riserve del piano; cosicché ogni sforzo per contenere la nostra rapida irruzione da Vittorio Veneto verso la convalle bellunese non poteva più giungere che tardivo, e l'aggiramento per il rovescio del Grappa si presentava ormai promettente dei maggiori risultati.
Conquistata dalle nostre truppe la stretta di Quero, il nemico che difendeva il settore del Grappa, nella notte dal 30 al 31, iniziò il ripiegamento sul fronte Fonzaso-Feltre per coprire le linee dell'alto Piave con il concorso delle difese organizzate più ad Oriente al passo di S. Boldo e alla stretta di Fadalto.
Conosciuto il movimento, il generale GIARDINO ordinò l'avanzata, e le truppe della IV Armata, nonostante l'ostinatissima e fortissima difesa delle grosse retroguardie avversarie appoggiate da numerose mitragliatrici e bocche da fuoco, con spinta vigorosa travolsero la resistenza avversaria e si slanciarono innanzi, sulla conca di Feltre, per i contrafforti del Tomatico e del Roncone e per la valle di Seren.
La brigata *Ancona* (69° e 70°) della VI Armata, concorso all'avanzata della IV spiegandosi rapidamente in Val Brenta e conquistando il Cismon su cui furono catturati un migliaio di uomini e 9 cannoni.
La sera del 31 la IV Armata, superate ostinate resistenze nemiche, teneva con la sinistra M. Roncone e spingeva pattuglie nel solco Arsiè-Arton; il 91° fanteria della *Basilicata* catturava a Corlo una brigata austriaca; al centro la *Bologna* (39° e 40°) e la *Lombardia* (73° e 74°) per Val di Seren e i battaglioni alpini *Monte Pelmo*, *Exilles* e *Pieve di Cadore* per i monti entravano a Feltre catturando 2000 prigionieri; il 1° Gruppo di squadroni del reggimento cavalleggeri di *Padova*, che era al piano, passò di notte il Grappa e per vie difficili sboccò in Val di Seren, donde la mattina del giorno dopo puntò su Belluno, caricando e sbaragliando per via un reggimento bosniaco; alla destra l'*Aosta* (5° e 6°) e l'*Udine* (95° e 96°), per Val Calcino e Val Cinespa, gettandosi attraverso il contrafforte dello Spinoncia e di M. Zoc, bloccarono nelle gole di Schiavenin le forze nemiche riuscite a fronteggiare il I Corpo d'Armata, che costituiva l'ala sinistra della XII Armata. Questa, il 31 sera, avanzando sempre, raggiunse il Piave tra Lential e Mel. L'VIII, superando dopo dieci ore di lotta accanita la resistenza nemica a S. Boldo, scendeva al Piave, espugnava la stretta di Fadolto, lanciava avanguardie verso Ponte delle Alpi ed occupava con colonne leggere il Pian del Consiglio. Lo stesso giorno 31, le divisioni 2a, 3a, e 4a di cavalleria, al comando di S. A. R. il CONTE DI TORINO, dopo aver superato accanite resistenze nemiche, si irradiavano oltre il fronte della X armata. All'alba, pattuglio dei lancieri *Vittorio Emanuele* (10°) e *Milano* (7°) entravano in Oderzo, mentre anche sul fronte della VI Armata (altopiano d'Asiago) i nostri sferravano l'offensiva espugnando Melaghetto e la linea Cima Tre Pezzi-Fortino Stella-Canove.
La notte successiva, nel Porto di Pola, il maggiore del Genio Navale ROSSETTI e il medico di Marina PAOLUCCI facevano per mezzo di uno speciale congegno affondare la corazzata austriaca *"Viribus Unitis"*.
Il 1° Novembre, l'VIII Armata proseguiva l'avanzata: il 253° fanteria (brigata *Porto Maurizio*), dopo aver sostenuto quattro combattimenti notturni, entrava in Belluno tagliando le comunicazioni con l'Alto Piave a truppe nemiche in ritirata da Feltre, che venivano costrette a inoltrarsi in Val Cordevole; un'altra colonna da Fadalto piombava su Ponte

delle Alpi e puntava immediatamente su Longarone e Pieve di Cadore. La IV Armata procedeva con la sinistra (21a divisione) per la Valsugana e superava di viva forza Grigno, chiudendo lo sbocco della rotabile della Malcesina agli Austriaci dell'Altopiano d'Asiago. Qui - scrive sempre la relazione del Comando Supremo - le truppe italiane, vincendo tenacissime resistenze avevano nello stesso giorno 1° Novembre conquistato importantissimi vantaggi. Precedute dai Reparti d'Assalto LII e LXX, che sfondavano la linea M. Ferragli-pendici nord Sisemol- Stenze- Melaghetto e Ghelpach- Eck- Covola- Val Ronchi, le truppe del XIII Corpo italiano e la 24a divisione francese avevano raggiunto il mattino del 1° Novembre M. Longana e il pomeriggio la linea M. Nos-Casera Melena-Ristecco, aprendo uno squarcio enorme nella compagine della fronte nemica.
La favorevole situazione venne subito sfruttata spingendo la 24a divisione francese per M. Nos, M. Cimone, M. Baldo a occupare la strada di arroccamento Campomulo-Val di Nos e lanciando truppe italiane, all'inseguimento sulla direttrice M. Sbarbatal-Fiara-Colombara-Val Galmarara allo scopo di agevolare sulla loro sinistra l'avanzata della 48a divisione britannica (XII Corpo d'Armata italiano), che urtatosi contro insormontabile resistenza sulle posizioni Camporovere-Rasta-M. Interrotto, sbarramento della Val d'Assa (linea principale di ritirata per il nemico) manovrava per prenderlo sul fianco e di rovescio per M. Mosciagh. Le valorose truppe britanniche, manovrando tutta la notte, riuscirono a impadronirsi di M. Mosciagh e di M. Interrotto, congiungendosi con l'altra divisione (20a italiana) del Corpo d'Armata che aveva forzato il passaggio dell'Assa tra Rotzo e Roana, al margine occidentale dell'Altopiano. Al margine orientale di questo le truppe italiane avevano nella stessa giornata conquistato, a prezzo di durissimi sforzi, il poderoso sistema fortificato delle Melette, il M. Badenecche, il M. Lambara e il Sasso Rosso e con fulminea mossa si erano affermate su M. Lisser. Sull'orlo di Val Brenta, reparti del 70° fanteria (brigata *Ancona*), scalando faticosamente per mezzo di cordato le impervie pendici di M. Spitz e di M. Chior, su cui il nemico tentava un'ostinata resistenza, erano riusciti ad impadronirsi dei pianori terminali, catturandovi 35 cannoni di tutti i calibri, subito rivolti contro- il nemico in fuga verso Enego.
La I Armata, sebbene ridotta a sole 5 divisioni e a un gruppo alpino distesi su 60 chilometri di fronte, fin dal 31 aveva provveduto a raccogliere in Val Lagarina una massa d'urto sufficiente per dare un colpo decisivo nella direzione assegnatale:Trento.
Ai fianchi della massa d'urto, truppe laterali dovevano impegnare il nemico sul Pasubio e sulle pendici dell'Altissimo. All'estrema destra della I Armata, il X Corpo doveva assecondare il movimento in avanti della VI sull'altopiano d'Asiago.
La X Armata e la III impiegarono la giornata del 1° Novembre ad assicurarsi il passaggio sulla Livenza. La X riuscì a superare la Livenza tra Motta e Sacile; la III s'impadronì delle teste di ponte di Motta e di Tezze, accanitamente difese da forti retroguardie nemiche. Anche il Corpo di Cavalleria procedeva: la sera del 1° Novembre la I divisione si trovava nei dintorni di Vittorio Veneto; la 2a con una brigata tra Livenza e Meduna ad est di Portobuffolè ed una brigata in riserva ad Orsago.; la 3a tra Vigonovo e Rovereto e la 4a a Pordenone.
Verso le ore 15 del 2 Novembre il XXIX Reparto d'Assalto con uno sbalzo fulmineo si slanciò sullo sbarramento di Serravalle, ne annientò il presidio in fiera lotta a corpo a corpo, si gettò impetuosamente nella angusta breccia aperta, subito seguito dal IV Gruppo Alpino (battaglioni *M. Pavione, M. Arvernis e Feltre"*). Allo ore 20,45, superate nuove successive difese nemiche, gli arditi e gli alpini entravano in Rovereto e l'occupavano catturando varie centinaia di prigionieri e decidendo per avvolgimento anche la sorte delle

forze avversarie, che sebbene sloggiate dal Pasubio e dal Passo della Borcola grazie l'impeto delle nostre colonne d'attacco del V Corpo d'Armata, ancora si difendevano accanitamente in Val Terragnolo e in Vallarsa.
Squadroni di *Cavalleggeri d'Alessandria* (14°) furono immediatamente lanciati sulla via di Trento, dove entrava per primo il 3° alle ore 15.15, insieme agli infaticabili arditi del XXIX Reparto d'Assalto, con gli arditi del IV Gruppo Alpini e con gli artiglieri del X Gruppo da montagna. Tra il delirante entusiasmo della popolazione, dinanzi ad una turba immensa di soldati austriaci sorpresi nella città, il tricolore venne issato sul Castello del Buon Consiglio.
All'estrema destra del fronte di manovra Trentino-Pusterthal, colonne dell'VIII Armata, travolte le resistenze nemiche incontrate a Ponte delle Alpi, a Fortogna, a Longarone, agli sbocchi di Val Cordevole e di Val Mis, irruppero nella conca d'Agordo raggiungendo Cencenighe, dilagarono nell'alta valle del Piave e in Val Boite, occupando Doncegge, Chiapuzza e Selva. Avanguardie della XII Armata che si venivano raccogliendo nella conca di Feltre cooperavano intanto con le truppe della IV Armata a vincere la resistenza al Ponte della Serra, sconfiggevano retroguardie a nord-ovest di Pedavena, allargavano l'occupazione nei monti a nord di Feltre.
Sul fronte della IV Armata, aspre lotte furono combattute e vinte il 2 e il 3; in Valsugana, rovesciata presso Castelnuovo la resistenza nemica che tentava di sbarrare la via di Trento e di coprire la ritirata con le sue colonne da Borgo verso la Val d'Avisio, le nostre avanguardie furono spinte in avanti.
Alle ore 18 del 3 Novembre il primo squadrone di cavalleggeri di *Padova* entrò a Levico; alle ore 20 a Pergine; alle 22 a Trento, dove si unì alle avanguardie della I Armata.
Una colonna occupò il 2 e il 3 la conca di Tesino. Alla stretta di Fonzaso, l'avversario, appoggiato a salde sistemazioni in caverne, difese accanitamente il Ponte della Serra durante la giornata del 2 per coprire il deflusso delle sue truppe lungo la Val di Cismon. Fu travolto; Fonzaso era stata occupata prima di mezzogiorno; i suoi abitanti avevano aiutato e guidato i nostri contro le retroguardie austriache che si difendevano disperatamente; alcuni di loro, uomini e donne, pagarono con la vita il patriottico ardimento. Colonne lanciate attraverso le montagne raggiunsero alle ore 14 del giorno 4 Fiera di Primiero, dove bloccarono e catturarono 10.000 prigionieri, 60 cannoni, il carreggio del XXVI Corpo d'Armata austriaco, occupando Carnale S. Bovo.
Sugli ALTIPIANI la VI Armata, dopo accaniti combattimenti sostenuti nelle giornate del 2 e del 3 con forti retroguardie avversarie, compiendo marce faticosissime, con dislivelli continui, raggiunse il 3 Caldonazzo e Levico e il 4 Roncegno.
La VII Armata, entrata nella lotta nel pomeriggio del 2 con una violentissima azione d'artiglieria dallo Stelvio al Garda, aveva iniziato la notte del 3 la scalata di M. Pari per scavalcarlo e scendere di là nella conca del Riva a dar la mano all'ala sinistra della I Armata che vi puntava dall'Altissimo. Nella giornata del 3, infranti gli sbarramenti di Val Chiese e del Tonale dove i presidi sorpresi vennero catturati al completo con le armi alla mano, vinta anche l'accanita resistenza allo Stelvio, le truppe della VIII Armata traboccarono nella Val Giudicarie, in Val Vermiglio e in Val Trafoi; scesero in Val di Sarca e a Riva, raggiunta attraverso il lago con il concorso di mezzi della R. Marina. Con celerissima avanzata, dalla Val Vermiglio alpini in autocarri, cavalleggeri ed artiglieri montati, superando fatiche sovrumane e gravi ostacoli di terreno, oltrepassarono Malè, sboccarono a Dimaro incrocio dello sbocco della strada di Madonna di Campiglio alle truppe nemiche in ritirata dalle Giudicarle, procurando così la cattura dell'intero comando del XX Corpo

d'Armata e della 49a divisione al completo di truppe e servigi, raggiunsero Cles e il Colle della Mendola a 15 km. da Bolzano.
Una colonna scese dallo Stelvio in Val Venosta, vi intercettò le comunicazioni tra l'Alto Adige e il Tirolo per la Porta Resia (Passo di Reschen). Altre avanguardie, lanciate avanti dalle Giudicarle con mezzi celerissimi, raggiunsero la mattina del giorno 4, Mezzolombardo, branca sinistra della grande morsa di manovra, che con la destra aveva afferrato Trento; e chiudendo così in una ferrea stretta l'esercito nemico del Trentino, al quale veniva tagliata anche la ritirata per la Val d'Adige su Merano e su Bolzano. Anche nel piano l'avversario, incalzato senza tregua dalle truppe della X e della III Armata, batteva in frettolosa ritirata lasciando un grande bottino nelle nostre mani e parecchie migliaia di prigionieri. Ormai tutto l'esercito austroungarico era in pieno sfacelo. Sull'intera fronte dallo Stelvio al mare le sue colonne erano in fuga, dovunque inseguite, sopravanzate, bloccate dalle nostre celeri avanguardie.
Naturalmente, al piano, si distinse per celerità nell'inseguimento la cavalleria. Una colonna (DE AMBROSI) della I divisione, superata breve resistenza al Meduna, occupò la sera del 2 Maniago e Travesio e, rovesciate nuove difese nemiche, prese, il 3, Pinzano e le alture di Campeis. La III divisione, che aveva il compito di puntare su Udine e Cividale, informata che due colonne nemiche si erano dirette nella notte al ponte di Pinzano o a quello di Bonzicco, la mattina del 2 lanciò da Tauriano il reggimento Cavalleggeri *Saluzzo* (12°) su Pinzano e il reggimento lancieri di *Montebello* (8°) su Bonzicco. Il primo, caricata e dispersa presso Istrago la colonna inseguita, raggiunse Pinzano, il secondo, trovato il nemico a Barbeano e Provesano, ne vinse la resistenza; il resto della divisione, occupato a viva forza Spilimbergo difesa da forti retroguardie con cannoni e mitragliatrici, spinse il reggimento *Savoia Cavalleria* al Tagliamento, il quale fu guadato presso S. Odorico la mattina del 3 dal grosso della divisione, che costrinse alla resa una divisione nemica, la 44a, schierata alla sponda sinistra con 20 batterie. Uno squadrone del *Savoia*, galoppando avanti entrò alle ore 13.30 a Udine, dove già i cittadini erano in armi, guidati da prigionieri italiani e da nostri ufficiali che parecchi mesi prima si erano introdotti nelle terre occupate dal nemico, donde, travestiti, avevano dato preziose informazioni al nostro Comando.
La IV divisione, all'alba del 2 occupò, dopo vivace lotta Cordenons, raggiunse il ponte di Bonzicco distrutto dal nemico, e spinse il 1°, il 7° e l'8° battaglione bersaglieri ciclisti verso i ponti della Delizia; il 3 passò il fiume presso S. Odorico, contribuì al disarmo della 44a divisione austriaca, irradiò le sue colonne nella pianura, assalì e catturò un forte reparto nemico schierato con artiglieria e mitragliatrici presso il cimitero di Gallierano ed altri nuclei che resistevano e Flumignacco e impose la resa a truppe e comandi nemici nella zona di Pozzuolo del Friuli. Il 3 Novembre, alla stessa ora circa in cui i nostri entravano a Trento e a Udine, entravano nel porto di Trieste, la quale, da tre giorni in rivolta, obbediva a un comitato di salute pubblica, i cacciatorpediniere *Audace*, *La Masa*, *Fabrizi*, *Missori*, *Orsini*, *Acerbi*, Stocco e Pilo, che recavano il generale PETITTI di Roreto, il 7° e l'11° reggimento bersaglieri e altri minori elementi di armi speciali, accolti nella città italianissima dal popolo delirante di gioia.
Già fin dal 29 Ottobre, delineatasi la sua sconfitta, il nemico aveva pensato a chiedere l'armistizio, reclamato anche dalla caotica situazione interna della Monarchia austro-ungarica. Cominciati gli abboccamenti il 30 Ottobre, si conclusero il 3 Novembre alle 18.30 a Villa Giusti, presso Padova, dove fu firmato l'armistizio, il quale doveva avere esecuzione a partire dalle ore 15 del 4 Novembre.Intanto l'avanzata delle truppe continuava.
Il 4 Novembre, dopo vivaci scontri, la I divisione di cavalleria raggiungeva Tolmezzo e

Stazione per la Carnia sorprendendovi il Comando e gran parte della 35a divisione austriaca. Alle 15 le automitragliatrici della colonna, catturato un Comando di Corpo d'Armata e mitragliato un treno in movimento presso Pontebba, entrarono in Chiusaforte, spingendo una pattuglia a Pontebba. Alla stessa ora giungeva a Tolmezzo la colonna proveniente dalla valle di Meduna. Tra Gemona e Venzone rimasero bloccate 3 divisioni austriache (41a e 51° *Honved* e il 12a cavalleria appiedata) che per concessione del nostro Comando Supremo ebbero poi il passo libero lasciando cannoni e fucili.
La 3a divisione di Cavalleria alte 11 del 4 era giunta tutta a Udine e proseguiva per Cividale; alle ore 15 suoi elementi erano a Robic.
Alle 15 dei 4 elementi celeri della 4a divisione di cavalleria erano a Cormons, Manzano e Buttrio.
La 2a divisione da Pordenone raggiunse con la 3a brigata, il giorno 4, il Tagliamento, lo guadò, puntò per Codroipo su Palmanova, vinse la tenace resistenza di una retroguardia nemica asserragliata in Morsano ed entrò alle 15 in Montegliano.
Elementi avanzati avevano oltrepassato Palmanova e raggiunto Joanniz. Una colonna celere che precedeva la 4a brigata ciclisti di cavalleria, bersaglieri ciclisti, automitragliatrici e più tardi due squadroni del *Piemonte Reale*, vinte successive resistenze, occupava prima delle ore 15 del 4 Novembre Cervignano e Grado. Al momento in cui, per effetto dell'armistizio, venivano sospese le ostilità la linea da noi raggiunta dallo Stelvio al mare era: Sluderno, Spondigna e Prato di Venosta in Val Venosta; Malè e Clès in Val di Sole; Passo della Mendola, Roverè della Luna e Salorno in Val d'Adige; Cembra in Val d'Avisio; M. Panarotta in Valsugana, Conca di Tesino, Fiera di Primiere, Chiappuzza, Domegge, nelle Dolomiti; Pontebba, Robic, Cormons, Cervignano, Aquileia, Grado nelle Alpi Giulie e nel Friuli orientale.

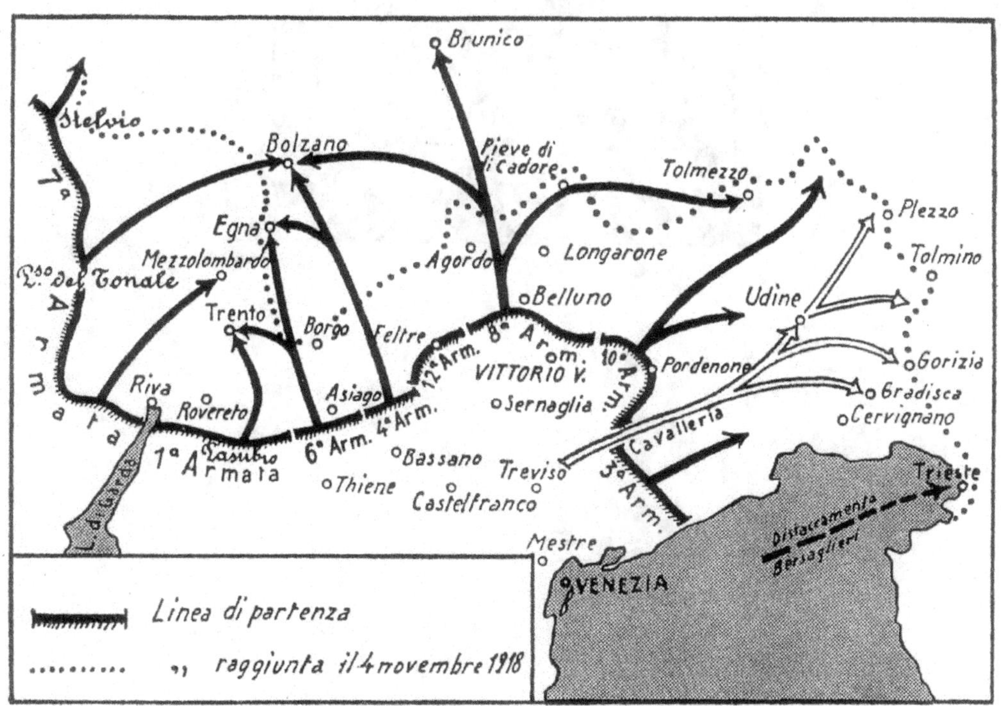

Cartina n. 4. Situazione al 4 Novembre 1918

VITTORIO
GRASSI

BOLLETTINI DI GUERRA
DAL 24 OTTOBRE AL 3 NOVEMBRE 1918[57].

24 Ottobre 1918

Il fuoco delle nostre artiglierie, mantenutosi ieri sensibile su tutta la fronte, s' è intensificato stamane nella regione di Monte Grappa.
La scorsa notte eseguimmo forti colpi di mano sull' Altipiano dei Sette Comuni.
Riparti francesi penetrarono arditamente nelle posizioni nemiche del Monte Sisemol e ne vinsero il presidio in vivace lotta, catturando 28 ufficiali e 707 uomini di truppa.
A sud d' Asiago truppe britanniche assalirono le trincee austriache di Ave, facendo prigionieri 5 ufficiali e 209 uomini di truppa.
Pattuglie nostre, malgrado fossero ostacolate da vivacissima reazione di fuoco, irruppero sul ciglione sud dell' Assa e a nord di Monte Valbella, catturando un centinaio di prigionieri e 4 mitragliatrici.
Al Monte Corno un tentativo d' attacco nemico, preparato da brillamento di mine, venne nettamente respinto.
Nostre squadriglie aeree hanno bombardato con visibile efficacia baraccamenti nemici nella zona di Fonzaso e grossi depositi nelle adiacenze della stazione di Sacile.

Firmato: DIAZ

25 Ottobre 1918

Aspri combattimenti si sono svolti nella mattinata di ieri nella regione del Monte Grappa.
Nostri reparti, malgrado la pioggia dirotta sopravvenuta, attaccarono risolutamente alcuni tratti delle formidabili posizioni avversarie, riuscendo a strappare ed a mantenere il possesso d' importanti punti d' appoggio nella zona occidentale e settentrionale del massiccio e a stabilirsi sulla sponda nord del torrente Ornic, nella conca d' Alano.
Il nemico che oppose accanita resistenza subì perdite rilevanti.
Sul Piave alle Grave di Papadopoli, vennero occupati alcuni isolotti: i presidi nemici furono fatti pri-gionieri.
Nel settore Posina –Astico e in Val d' Assa posti avanzati avversari vennero annientati.
Sull' Altipiano d' Asiago pattuglie nostre ed alleate eseguirono con successo piccoli colpi di mano.
Il numero complessivo dei nemici catturati dalle ore 24 del giorno 23 alla mezzanotte del giorno 24 è di 84 ufficiali e 2791 uomini di truppa.
Le avverse condizioni atmosferiche hanno impedito qualsiasi attività aerea.

Firmato: DIAZ

---

[57]Sono omessi i bollettini relativi alle operazioni al di fuori del fronte italiano.

26 Ottobre 1918

Nella regione nord-occidentale del Massiccio del Grappa, i combattimenti ripresi all' alba sono continuati l' intera giornata di ieri.
Sul terreno da noi conquistato il giorno precedente la lotta ha fluttuato accanita, ma alla fine la tenacia delle brave truppe della IV Armata ha avuto ragione dei disperati contrattacchi nemici e il possesso delle contese posizioni è stato mantenuto e in più tratti ampliato.
Nelle ultime 24 ore vennero catturati 47 ufficiali e 2102 uomini di truppa.
Il 9° reparto d' assalto s' è particolarmente distinto.
Alla Brigata *Pesaro*, al 18° ed al 23° riparto d' assalto spetta il merito d' aver compiuto la difficile conquista del Monte Pertica, formidabilmente apprestato a difesa dall' avversario: alla Brigata *Aosta* quello d' avere occupato di slancio il monte Valderoa a nord-ovest dello Spinoncia.
Sull' Altipiano d' Asiago nostre pattuglie fugarono in numerosi scontri nuclei esploranti avversari.
Squadriglie d' aeroplani, operanti a scaglioni successivi, bombardarono violentemente con ottimi risul-tati baraccamenti, parchi, depositi nemici, batterono e dispersero colonne di truppe e di carreggi in Valsugana, in Val Cismon e nella conca d' Arten, lanciando complessivamente circa Kg. 7000 di bombe; altri Kg. 2000 vennero lanciati la scorsa notte da dirigibili del R. Esercito su impianti ferroviari delle retrovie avversarie.
2 velivoli nemici sono stati abbattuti.

Firmato. DIAZ.

26 Ottobre 1918

Nella regione nord-occidentale del Massiccio del Grappa, i combattimenti ripresi all' alba sono continuati l' intera giornata di ieri.
Sul terreno da noi conquistato il giorno precedente la lotta ha fluttuato accanita, ma alla fine la tenacia delle brave truppe della IV Armata ha avuto ragione dei disperati contrattacchi nemici e il possesso delle contese posizioni è stato mantenuto e in più tratti ampliato.
Nelle ultime 24 ore vennero catturati 47 ufficiali e 2102 uomini di truppa.
Il 9° reparto d' assalto s' è particolarmente distinto.
Alla Brigata *Pesaro*, al 18° ed al 23° riparto d' assalto spetta il merito d' aver compiuto la difficile conquista del Monte Pertica, formidabilmente apprestato a difesa dall' avversario: alla Brigata *Aosta* quello d' avere occupato di slancio il monte Valderoa a nord-ovest dello Spinoncia.
Sull' Altipiano d' Asiago nostre pattuglie fugarono in numerosi scontri nuclei esploranti avversari.
Squadriglie d' aeroplani, operanti a scaglioni successivi, bombardarono violentemente con ottimi risul-tati baraccamenti, parchi, depositi nemici, batterono e dispersero colonne di truppe e di carreggi in Valsugana, in Val Cismon e nella conca d' Arten, lanciando complessivamente circa Kg. 7000 di bombe; altri Kg. 2000 vennero lanciati la scorsa notte da dirigibili del R. Esercito su impianti ferroviari delle retrovie. 2 velivoli avversari sono stati abbattuti

Firmato: DIAZ

27 Ottobre 1918

Sul monte Grappa, forti, ripetuti ed insistenti attacchi sferrati dall' avversario, hanno ieri localizzato l' azione nelle zone dell' Asolone, del Pertica e al saliente del Solarolo.
Il nemico venne ributtato con gravi perdite e 514 prigionieri restarono nelle nostre mani.

Sul medio Piave l' attivita combattiva è grandemente aumentata: nella giornata di ieri venne completato il possesso delle Grave di Papadopoli ove furono catturati altri 351 prigionieri; numerose forze nemiche lanciate al contrattacco, specialmente contro truppe britanniche vennero annientate. Gli aerei nostri ed alleati spiegarono molta attività eseguendo poderose azioni di bombardamento delle retrovie nemiche e mitragliando ripetutamente truppe in posizione e in marcia.
Dieci velivoli avversari precipitarono in seguito a combattimenti aerei.
Sulla stazione ferroviaria di Levico sorpresa in piena attività, una nostra aeronave lanciò nella notte 400 Kg. di bombe.

Firmato: DIAZ

28 Ottobre 1918

La battaglia continuata accanita nella notte e nella giornata è in pieno svolgimento.
Sulla fronte della XIIa e della VIIIa Armata, malgrado il vivissimo contrasto nemico, mantenemmo e ampliammo le teste di ponte.
A nord del torrente Ornic conseguimmo vantaggi.
A oriente delle Grave di Papadopoli l' avversario attaccato con estrema violenza dal XIV° Corpo Britannico e dai Corpi d' Armata italiani della X Armata, ha ceduto.
Le nostre truppe, sfondate le linee nemiche, liberati i paesi di Borgo Malanotte, Tezze, Rai, San Michele di Piave, Cima d' Olmo, San Polo di Piave, Ormelle, sono entrati in S. Lucia di Piave e in Vazzola e stanno per raggiungere il fiume Monticano.
è annunziata un' ulteriore cattura di prigionieri e di cannoni.

Firmato: DIAZ.

29 Ottobre 1918

La formidabile battaglia da noi impegnata sul Piave il giorno 27 continua vittoriosamente.
Dalle pendici delle alture di Valdobbiadene alla ferrovia Treviso –Oderzo le truppe nostre ed alleate in 2 giorni di gloriosa lotta si sono saldamente impossessate della sinistra del fiume.
Truppe della XII Armata hanno espugnato le alture di Valdobbiadene.
Il 138° reggimento fanteria francese prese d' assalto il monte Pianar.
La Piana di Sernaglia è in nostro possesso.
Truppe dell 'VIIIa Armata, conquistate le colline di Colfosco, sono entrate in Susegana.
La X Armata, proseguendo nella sua avanzata, ha spinto le avanguardie sulla sinistra del Monticano.
La valorosa brigata *Como* (23a e 24a) s' è distinta ancora una volta per il suo impareggiabile slancio.
Numerosi cannoni sono stati catturati.
Dei prigionieri fatti ieri solo 4000 sono potuti affluire alle località di concentramento: molti altri si tro-vano ancora sulla sinistra del Piave.
Dall' Astico al Brenta violente azioni d' artiglieria si alternarono con puntate di fanteria.
Riparti nemici che tentavano d' attaccare Col d' Echele e Col del Rosso vennero respinti.
Nella regione del Grappa un forte attacco a Monte Pertica venne sanguinosamente ributtato.
Sulla sinistra dell' Ornic le nostre fanterie occuparono il passo di Alano di Piave, catturando parecchie centinaia di prigionieri.
Kg. 20.000 d' esplosivi rovesciati con risultati efficacissimi, parecchie decine di migliaia di colpi di mitragliatrice, sparati su truppe in marcia, 11 velivoli e 6 palloni frenati abbattuti, audacissimi rifornimenti alle nostre truppe più avanzate sulla sinistra del Piave, sono indice della magnifica

attività di guerra degli aerei nostri ed alleati nella giornata di ieri.

Firmato: DIAZ.

29 Ottobre 1918

Attaccato frontalmente con grande energia dalle truppe dell 'VIII e della XII Armata, minacciato sul fianco dalla decisa avanzata della X, l' avversario è stato costretto ad abbandonare le sue posizioni sulle alture della riva sinistra del Piave, e vigorosamente incalzato dai nostri ripiega tentando successive difese appoggiate ad interruzioni stradali.
Valdobbiadene, S. Pietro di Barbozza, Farra di Soligo, Collalto, Refrontolo, Mareno di Piave, Fontanelle sono stati liberati.
Nella mattinata nostri reparti, inseguendo l' avversario che ha fatto saltare i ponti sul Monticano, sono entrati in Conegliano.
A nord, sulla destra del Piave, altre truppe operando di conserva con quelle di riva sinistra hanno oltrepassato, dopo vivace e brillante lotta il torrente Calcino.
Aspri combattimenti sono in corso nella regione del Grappa.
È annunziata la cattura di altre migliaia di prigionieri.
Il numero dei cannoni accertati supera i 150, fra cui molti di medio e di grosso calibro.
Buona parte di essi è già in azione contro l' avversario.

Firmato: DIAZ

30 Ottobre 1918

La nostra offensiva preceduta dall' occupazione delle Grave di Papadopoli e dai colpi di mano, sull' Altipiano d' Asiago, iniziata nella notte sul 24, nella regione del Grappa ed estesa il giorno 26 al Medio Piave s' è ieri ampliata verso sud.
Anche la gloriosa Terza Armata è entrata nella lotta.
Dal Brenta al Mare è un solo ed ampio fronte di battaglia su cui combattono tenacemente tre quarti dell' Esercito Italiano affratellati col valoroso XIV Corpo d' Armata Britannico, con una gagliarda divisione francese e col giovane ed ardito 332° regg. di fanteria americana.
Fra Brenta e Piave le azioni d' artiglieria di eccezionale intensità e durata, l' impeto dei nostri, l' acca-nimento della resistenza e dell' aggressività nemica alimentata da riserve fresche danno da sei giorni alla lotta carattere di particolare asprezza.
Ad oriente del Piave, il nemico cede alla formidabile pressione dei nostri, che a mano a mano travolgono le successive linee sulle quali tenta affermarsi con l' appoggio d' artiglierie e di numerose mitragliatrici.
Sul Grappa ieri le truppe della IV Armata conseguirono vantaggi nella regione del Pertica e del Col dell' Orso.
La XII Armata, operando a cavallo del Piave, ha raggiunto il margine sud dell' abitato di Quero, ha strappato al nemico Segusino ed ha conquistato il Monte Cesen.
La VIII Armata ha occupato la stretta di Follina, ha raggiunto Vittorio e combatte a nord di Conegliano.
La decima Armata, stabilite solide teste di ponte sul Monticano, ha oltrepassato la rotabile Conegliano –Oderzo.
La III Armata neutralizzato il vivissimo tiro delle artiglierie nemiche, ha passato il fiume a S. Donà di Piave e ad oriente di Zenson.
Velivoli nostri ed alleati, idrovolanti, dirigibili del R. Esercito e della Marina, gareggiando in valore ed in audacia, seminano il panico e la distruzione fra le truppe e i carreggi nemici.

Quattro velivoli avversari ed un pallone frenato vennero abbattuti.
La Ia divisione d' assalto e la brigata *Cuneo* (7° e 8°) la «*Costantissima*» per il valore e la fermezza dimostrati nei giorni 27 e 28, meritano speciale menzione.
Il numero dei prigionieri catturati nella battaglia è in continuo aumento.
Dal giorno 24 vennero annoverati 802 ufficiali e 32.198 uomini di truppa.
I cannoni presi assommano a più centinaia.
È impossibile ancora calcolare il numero delle mitragliatrici e la quantità dell' abbondantissimo mate-riale che cade nelle nostre mani.

Firmato: DIAZ.

31 Ottobre 1918

Il successo delle nostre armi si delinea grandioso.
Il nemico è in rotta ad oriente del Piave e riesce stentatamente a contenere la incalzante pressione delle nostre truppe sulla fronte montana.
Nella pianura e sulle Prealpi Venete le nostre armate puntano irresistibilmente sugli obiettivi loro asse-gnati.
Le masse avversarie s' incanalano tumultuariamente nelle Valli Montane e cercano di raggiungere i passaggi sul Tagliamento.
Prigionieri, cannoni, materiali, magazzini e depositi pressoché intatti cadono nelle nostre mani.
La XII Armata ha completato il possesso del Massiccio del Cesen e combattè per espugnare la stretta di Quero.
L 'VIII Armata continuando a svolgere con magnifico slancio la manovra affidatale ha conquistato la dorsale tra la conca di Fellina e la Valle del Piave, ha occupato la stretta di Serravalle, avanza verso Piane del Cansiglio e tende nella pianura verso Pordenone.
La Decima ha portato la sua fronte alla Livenza.
La Terza Armata si spinge avanti travolgendo e catturando il nemico che di fronte ad essa si accanisce nella resistenza.
Truppe czeco-slovacche partecipano all' azione.
Nella regione del Grappa le nostre truppe rinnovato l' attacco hanno espugnato stamane Col Caprile, il Col Bonato, l' Asolone, il Monte Prassolan, il saliente del Solarolo e il Monte Spinoncia.
Sull' Altipiano d' Asiago l' avversario, molestato da riusciti colpi di mano nostri ed alleati, mantiene una sensibile aggressività di fuoco.
La Brigata *Campania* (135° e 186°) la 6a brigata Bersaglieri (8° e 13° reggimento) l' 11° reparto d' assalto hanno meritato l' onore di particolare citazione.
L' attività aerea nel cielo della battaglia si mantenne intensa nonostante le sfavorevoli condizionidi visibilità.
Due apparecchi nemici ed un pallone frenato vennero abbattuti.
Il numero dei prigionieri accertato supera i 50.000.
Sono stati finora contati più di 300 cannoni.

Firmato: DIAZ

31 Ottobre 1918

Truppe della Sesta Armata hanno eseguito colpi di mano a nord del Monte Valbella e sono avanzate in Val Brenta catturando due batterie di medio calibro che fino a stamane si sono accanito a tirare sulla città di Bassano.
Sul Grappa sotto l' impeto delle truppe della IV Armata, la fronte nemica è crollata.

Non è possibile valutare il numero dei prigionieri che scendono a torme dalla montagna.
L' artiglieria nemica è colà tutta catturata.
La XII Armata forzata la stretta di Quero e oltrepassata la dorsale a oriente del Monte Cesen, avanza in Val di Piave.
Colonne dell 'VIII Armata superata forte resistenza di retroguardie nemiche di Passo di San Boldo, scendono in Val di Piave puntando su Belluno.
Riparti sono impegnati in combattimento nella depressione Fadalto ancora occupata dal nemico.
Cavalleria e ciclisti, seguendo la via pedemontana, si aprono combattendo la strada su Aviano.
La III Armata si porta sulla linea della X Armata e sta per raggiungere la Livenza.
Nostre punte sono entrate in Motta di Livenza e in Torre di Mosto.
Si annunzia da ogni parte la cattura di prigionieri, di cannoni e di bottino.

Firmato: DIAZ

1 Novembre 1918

La battaglia continua e si estende.
L' avversario mantiene intatta la resistenza dallo Stelvio all' Astico, vacilla sull' Altipiano di Asiago, è in rotta sul rimanente della fronte, protetto più dalle numerose interruzioni stradali che dalle retroguardie, irresistibilmente travolte dalle nostre truppe che si lanciano entusiaste al veloce inseguimento.
Batterie nostre, portate rapidamente avanti le artiglierie catturate battono intensamente l' avversario sfruttando tutta la gittata dei loro cannoni.
Le divisioni di cavalleria, annientate le resistenze nemiche sulla Livenza e ristabiliti i passaggi, marciano al Tagliamento.
La VI Armata, entrata ieri in azione con la brillantissima avanzata della brigata *Ancona* (69° e 70°) in fondo Val Brenta, ha fortemente attaccato stamane l' avversario su tutta la fronte.
La IV Armata è padrona della depressione di Fonzaso.
La Brigata *Bologna* (39° e 40°) alle 16,30 di ieri sera è entrata in Feltre.
La XII Armata, sboccata dalla stretta di Quero e dai monti, si collega sul Piave con la IV, l 'VIII Armata, scesa nella Valle del Piave a sud di Belluno, ha reparti impegnati nella depressione di Fadalto che colonne leggere stanno brillantemente aggirando per Farra d' Alpago.
All' ala destra della fronte, la III Armata, prolungata verso la costa dal reggimento Marina, ha occupato tutta la intricata zona litoranea che il nemico ha in parte allagata, ingombrando il rimanente di reticolati e sbarramenti.
Una pattuglia di marinai ha raggiunto Caorle.
Stormi di aeroplani precedono le truppe nell' inseguimento bombardando e mitragliando le colonne nemiche.
Il numero dei prigionieri catturati cresce continuamente; quelli dei cannoni supera i 700.
Il bottino è immenso; il suo valore potrà essere valutato in miliardi.

Firmato: DIAZ

2 Novembre 1918

Ad oriente del Brenta l' inseguimento continua.
Sull' Altipiano di Asiago l' avversario resiste ad oltranza per dar tempo alle masse retrostanti di ritirarsi: ma le truppe della VI Armata hanno varcato a viva forza l' Assa tra Rotzo e Roana, espugnato in aspra lotta il monte Cimon e il Monte Lisser e avanzano in Val di Nos.
La IV Armata ha occupato linee a nord della depressione di Fonzaso ed ha spinto colonne in Val

Sugana; l' antico confine è stato varcato nella serata di ieri.
Gruppi alpini della XII Armata, passato il Piave con mezzi di circostanza nei pressi di Busche, hanno dilagato nella zona fra Feltre e Santa Giustina.
Truppe della VIII Armata, che vinsero nella giornata di ieri forti combattimenti al passo di San Boldo e della depressione di Fadalto, risalgono la valle del Cordevole, hanno oltrepassato il Ponte nelle Alpi e marciano verso Longarone.
Nella pianura, le divisioni di cavalleria agli ordini di S. A.R. il Conte di Torino, superate continue resistenze nemiche a Castello di Aviano, a Roveredo in piano, a San Martino e a San Quirino, hanno occupato Pordenone e sorpassato il Cellina e il Meduna.
Il reggimento *Savoia Cavalleria* (3°) brillantemente caricando, si è particolarmente distinto.
Più a sud la X e la III Armata ripresa l' avanzata, proseguono verso oriente.
Per l' ardimento e lo slancio dimostrati, hanno meritato l' onore della citazione l' intera 23a divisione, il reggimento della Regia Marina e il 26° riparto d' assalto, appartenenti alla III Armata, il 72° riparto d' assalto appartenente alla VIII.
Gli aviatori nostri ed alleati, completamente padroni del cielo della battaglia, hanno continuato senza posa le loro ardite azioni di guerra.
Un dirigibile ha bombardato nella notte le stazioni ferroviarie della Val Sugana.
Non è possibile calcolare il numero dei cannoni abbandonati sulle linee di battaglia, ormai lontane dalle fronti di combattimento e lungo le strade; ne vennero finora contati più di 1600.
Sono stati accertati oltre 80.000 prigionieri.
I soldati nostri liberati dalla prigionia sommano già a parecchie migliaia.

Firmato: DIAZ.

2 Novembre 1918

Truppe della I Armata, entrate in azione nel pomeriggio d' oggi, hanno conquistato Monte Majo e attaccato il Passo della Borcola nel settore del Posina, presso Monte Cimone sull' Altipiano di Tonezza, e risalita la Val d' Assa, hanno occupato Lastebasse.
Sull' Altipiano di Asiago la VI Armata continua ad avanzare, catturando gran numero di cannoni e prigionieri.
Sono in corso vivaci combattimenti di retroguardie ad occidente di Castelnuovo di Valsugana e al Ponte della Serra in Val Cismon.
Nella valle del Cordevole le nostre avanguardie hanno raggiunto Mis.
La cavalleria ha occupato Spilimbergo e Cordenons e ha raggiunto combattendo la sponda destra del Tagliamento lanciando pattuglie al di là del fiume.
Nella pianura le teste di colonne hanno raggiunto la linea Azzano Decimo, Portogruaro, Concordia Sagittaria.
Seguita dovunque la cattura di prigionieri e di bottino.

Firmato: DIAZ

3 Novembre 1918

La VII e la I Armata sono entrate nella lotta assalendo con grande impeto le antistanti difese nemiche ancora intatte.
La VII Armata, infranti gli sbarramenti avversari alla Sella del Tonale, procede in Val Vermiglio.
Truppe della I Armata hanno occupato Rovereto e Mattarello in Val Lagarina; hanno forzato la Vallarsa e hanno preso il Col Santo a nord del Pasubio.
Sugli Altipiani di Tonezza e di Asiago, in Val Sugana, nelle Valli del Cismon, del Cordevole, del

Piave, e nella pianura l' avanzata delle altre Armate continua irresistibile.
Sul Tagliamento la cavalleria, validamente appoggiata dalle batterie a cavallo e dai bersaglieri ciclisti, sostiene e vince gloriosamente aspri combattimenti contro l' avversario, che, sorpreso di qua dal fiume, si battè con grande accanimento.
La seconda brigata, coi reggimenti *Genova Cavalleria* (4°) e Lancieri *Novara* (5°) e il reggimento *Saluzzo* (12°) si sono particolarmente distinti per l' ardimento e il valore dimostrati.
Meritano l' onore della citazione il primo gruppo di Cavalleggeri di *Padova* (21°) della IV Armata, il quarto gruppo alpino e il 29° reparto di assalto del XXIX Corpo di Armata, primi entrati in Rovereto e il reggimento esploratori czeco-slovacco (39°) che dal Marzo combatte fianco a fianco delle nostre armate.
Gli aviatori nostri ed alleati mantennero brillantemente invariata la loro eccezionale attività.
La cifra totale dei prigionieri accertati raggiunge i 100 mila; quella dei cannoni accertati supera 2200.

Firmato. DIAZ.

3 Novembre 1918

Le nostre truppe hanno occupato Trento e sono sbarcate a Trieste.
Il tricolore sventola sul Castello del Buon Consiglio e sulla Torre di S. Giusto.
Punte di cavalleria sono entrate in Udine.

Firmato: DIAZ

BOLLETTINO DI GUERRA N. 1268, 4 NOVEMBRE 1918

Comando Supremo, 4 Novembre 1918, ore 12

La guerra contro l'Austria-Ungheria che, sotto l'alta guida di S.M. il Re, duce supremo, l'Esercito Italiano, inferiore per numero e per mezzi, iniziò il 24 Maggio 1915 e con fede incrollabile e tenace valore condusse ininterrotta ed asprissima per 41 mesi è vinta.
La gigantesca battaglia ingaggiata il 24 dello scorso Ottobre ed alla quale prendevano parte cinquantuna divisioni italiane, tre britanniche, due francesi, una cecoslovacca ed un reggimento americano, contro settantatre divisioni austroungariche, è finita.
La fulminea e arditissima avanzata del XXIX Corpo d'Armata su Trento, sbarrando le vie della ritirata alle armate nemiche del Trentino, travolte ad occidente dalle truppe della VII Armata e ad oriente da quelle della I, VI e IV, ha determinato ieri lo sfacelo totale della fronte avversaria. Dal Brenta al Torre l'irresistibile slancio della XII, dell'VIII, della X Armata e delle divisioni di cavalleria, ricaccia sempre più indietro il nemico fuggente.
Nella pianura, S.A.R. il Duca d'Aosta avanza rapidamente alla testa della sua invitta III Armata, anelante di ritornare sulle posizioni da essa già vittoriosamente conquistate, che mai aveva perdute.
L'Esercito Austro-Ungarico è annientato: esso ha subito perdite gravissime nell'accanita resistenza dei primi giorni e nell'inseguimento ha perdute quantità ingentissime di materiale di ogni sorta e pressoché per intero i suoi magazzini e i depositi.
Ha lasciato finora nelle nostre mani circa trecento mila prigionieri con interi stati maggiori e non meno di cinque mila cannoni.
I resti di quello che fu uno dei più potenti eserciti del mondo risalgono in disordine e senza speranza le valli, che avevano disceso con orgogliosa sicurezza.

Firmato: DIAZ.

ORDINE DI BATTAGLIA DEL REGIO ESERCITO, OTTOBRE 1918.

Capo di Stato Maggiore Generale. Ten. Gen. Armando Diaz
Primo Aiutante di Campo del Re: Ten. Gen. Arturo Cittadini
Sottocapo di Stato Maggiore: Ten. Gen. Pietro Badoglio
Comando Generale d'Artiglieria: Ten. Gen. Felice d'Alessandro
Comandante Generale del Genio: Ten. Gen. Giovanni Battista Marieni
Comandante Superiore dell'Aeronautica: Magg. Gen. Luigi Bongiovanni
Delegato presso le Truppe Britanniche: Col. Rodolfo Ragioni
Delegato presso le Truppe Francesi: Ten. Col. Ermanno De Renzi

7a ARMATA

(Ten. Gen. Giulio Cesare Tassoni)

Capo di Stato Maggiore: Col. Carlo Gleijeses
Comandante d'Artiglieria: Brig. Gen. Federico Baistrocchi
Comandante del Genio: Magg. Gen. Carlo Albarello
Comandante di Aeronautica: Col. Lelio Gaviglio
Intendente d'Armata: Brig. Gen. Enrico Danioni

III CORPO D'ARMATA ALPINO (Ten. Gen. Vittorio Camerana)

Capo di Stato Maggiore: Col. Alfredo Guzzoni
Comandante d'Artiglieria: Brig. Gen. Carlo Ceccarelli
Comandante del Genio: Magg. Gen. Carlo Orsi

5a Divisione Alpina (Magg. Gen. Ugo Porta)
Capo di Stato Maggiore: Col. Angelo Rossi
IV Raggruppamento Alpini (Magg. Gen. Cesare Caviglia)
- 7° Gruppo Alpini (Col. Isidoro Rovere)
  - Battaglione Territoriale *Val Baltea*/4° Reggimento Alpini
  - Battaglione Sciatori *Monte Mandrone*/5° Reggimento Alpini
  - Battaglione Sciatori *Monte Cavento*/5° Reggimento Alpini
  - XI Gruppo *Bergamo*/3° Reggimento Artiglieria da Montagna
- 19° Gruppo Alpini (Col. Giuseppe Almasio)
  - Battaglione *Edolo*/5° Reggimento Alpini
  - Battaglione Territoriale *Val d'Intelvi*/5° Reggimento Alpini
  - Battaglione Sciatori *Monte Tonale*/5° Reggimento Alpini
  - XLVII Gruppo Territoriale/3° Reggimento Artiglieria da Montagna

VII Raggruppamento Alpini (Magg. Gen. Adolfo Gazagne)
- 8° Gruppo Alpini (Col. Dante Celoria)
  - Battaglione Pinerolo/3° Reggimento Alpini
  - Battaglione Susa/3° Reggimento Alpini

Battaglione Territoriale Monte Clapier/1° Reggimento Alpini
IV Gruppo Mondovì/1° Reggimento Artiglieria da Montagna
16° Gruppo Alpini (Col. Umberto Mautino)
Battaglione *Tolmezzo*/8° Reggimento Alpini
Battaglione Territoriale *Monte Rosa*/4° Reggimento Alpini
Battaglione Territoriale *Val Brenta*/6° Reggimento Alpini
XVI Gruppo Territoriale/2° Reggimento Artiglieria da Montagna
Comando 7° Raggruppamento Artiglieria da Montagna (Col. Giacomo Garetto)
408a Batteria Bombarde
LXV Battaglione Genio Zappatori
167a Compagnia Genio Telegrafisti
Servizi Divisionali

75a Divisione Alpina (Magg. Gen. Giovanni Arrighi)
Capo di Stato Maggiore: Col. Mario Vercellino
III Raggruppamento Alpini (Col. Abele Piva)
3° Gruppo Alpini (Col. Pietro Gerbino Promis)
Battaglione Territoriale *Val Cenischia*/3° Reggimento Alpini
Battaglione Sciatori *Cuneo*/1° Reggimento Alpini
Battaglione Sciatori Monte Pasubio/6° Reggimento Alpini
VII Gruppo *Vicenza*/2° Reggimento Artiglieria da Montagna
11° Gruppo Alpini (Col. Alessandro Gregori)
Battaglione Territoriale *Val Tanaro*/1° Reggimento Alpini
Battaglione Territoriale *Val Maira*/2° Reggimento Alpini
Battaglione Territoriale *Val Camonica*/5° Reggimento Alpini
XXIV Gruppo Territoriale/3° Reggimento Artiglieria da Montagna
V Raggruppamento Alpini (Brig. Gen. Alfonso Gazzano)
2° Gruppo Alpini (Col. Carlo Sassi)
Battaglione *Dronero*/2° Reggimento Alpini
Battaglione *Saluzzo*/2° Reggimento Alpini
Battaglione *Intra*/4° Reggimento Alpini
XLI Gruppo da Montagna/18° Reggimento Artiglieria da Campagna
15° Gruppo Alpini (Col. Alessandro Musso)
Battaglione *Mondovì*/1° Reggimento Alpini
Battaglione Territoriale *Val d'Orco*/4° Reggimento Alpini
Battaglione Sciatori *Monte Ortler*/5° Reggimento Alpini
XLIII Gruppo Territoriale/1° Reggimento Artiglieria da Montagna
Comando 9° Raggruppamento Artiglieria da Montagna (Col. Filippo Bonizi)
244a Batteria Bombarde
XXVII Battaglione Genio Zappatori
105a Compagnia Genio Telegrafisti
Servizi Divisionali

Truppe Suppletive

LI Reparto d'Assalto
27° Reggimento Artiglieria da Campagna Territoriale (Col. Ettore Capuano)
12° Raggruppamento Artiglieria Pesante Campale (Col. Alberto Golzio)
2a Compagnia Genio Telegrafisti
64a Compagnia Genio Telegrafisti
Servizi di Corpo d'Armata

XXV CORPO D'ARMATA (Ten. Gen. Edoardo Ravazza)

Capo di Stato Maggiore: Col. Enrico Maltese
Comandante d'Artiglieria: Brig. Gen. Ernesto Giardino
Comandante del Genio: Brig. Gen. Ferdinando Pecco

4a Divisione di Linea (Magg. Gen. Giuseppe Viora)
Capo di Stato Maggiore: Ten. Col. Carlo Fettarappa Sandri
Brigata di Linea *Torino* (Brig. Gen. Ettore Buzio)
    81° Reggimento Fanteria di Linea (Col. Cornelio Revelli)
    82° Reggimento Fanteria di Linea (Col. Ernesto Michelotti)
III Brigata Bersaglieri (Brig. Gen. Sante Ceccherini)
    17° Reggimento Bersaglieri Territoriale (Col. Oscar D'Errico)
        LXIV Battaglione Bersaglieri Territoriale
        LXV Battaglione Bersaglieri Territoriale
        LXVI Battaglione Bersaglieri Territoriale
    18° Reggimento Bersaglieri Territoriale (Col. Filippo Zamboni)
        LXVII Battaglione Bersaglieri Territoriale
        LXVIII Battaglione Bersaglieri Territoriale
        LXIX Battaglione Bersaglieri Territoriale
41° Reggimento Artiglieria da Campagna Territoriale (Col. Giacomo Casalino)
236a Batteria Bombarde
LXXXIX Battaglione Genio Zappatori
104a Compagnia Genio Telegrafisti
Servizi Divisionali

11a Divisione di Linea (Ten. Gen. Ettore Negri di Lamporo)
Capo di Stato Maggiore: Ten. Col. Ugo Gigliarelli
Brigata di Linea *Pavia* (Brig. Gen. Baldassarre Monti)
    27° Reggimento Fanteria di Linea (Ten. Col. Alfredo Raso)
    28° Reggimento Fanteria di Linea (Col. Augusto Allois)
Brigata Territoriale *Perugia* (Brig. Gen. Napoleone Grilli)
    129° Reggimento Fanteria Territoriale (Ten. Col. Vincenzo Grimaldo)
    130° Reggimento Fanteria Territoriale (Col. Oreste Chiarini)
39° Reggimento Artiglieria da Campagna Territoriale (Col. Carlo Viola)
407a Batteria Bombarde
LVI Battaglione Genio Zappatori
111a Compagnia Genio Telegrafisti
Servizi Divisionali

Truppe Suppletive

11° Raggruppamento Artiglieria Pesante Campale (Col. Pio Marconi)
57a Compagnia Genio Telegrafisti
68a Compagnia Genio Telegrafisti
Servizi di Corpo d'Armata

TRUPPE D'ARMATA

VI Raggruppamento Alpini (Brig. Gen. Luigi Sapienza)

12° Gruppo Alpini (Col. Giovanni Baudino)
Battaglione Territoriale *Monte Granero*/3° Reggimento Alpini
Battaglione Territoriale *Val Cordevole*/7° Reggimento Alpini
Battaglione Sciatori *Pallanza*/4° Reggimento Alpini
XLV Gruppo Territoriale/3° Reggimento Artiglieria da Montagna
14° Gruppo Alpini (Col. Olivo Sala)
Battaglione *Borgo San Dalmazzo*/2° Reggimento Alpini
Battaglione *Fenestrelle*/3° Reggimento Alpini
Battaglione Territoriale *Moncenisio*/3° Reggimento Alpini
XXIX Gruppo Territoriale/1° Reggimento Artiglieria da Montagna
6a Compagnia Guardia di Finanza
9a Compagnia Guardia di Finanza
7° Reparto Mitraglieri
8° Reggimento *Lancieri di Montebello* (5 squadroni, Col. Augusto Tavani)
29° Reggimento *Cavalleggeri di Udine* (4 squadroni, Col. Giuseppe Manzotti)
14° Raggruppamento Artiglieria Pesante Campale (Col. Rutilio De Marchi)
XXVIII Gruppo Obici Pesanti Campali
20° Raggruppamento Artiglieria d'Assedio (Col. Giuseppe Olivieri)
45° Raggruppamento Artiglieria d'Assedio (Col. Massucco)
52° Raggruppamento Artiglieria d'Assedio (Col. Carlo Gigante)
53° Raggruppamento Artiglieria d'Assedio (Col. Alfredo Taddei)
60° Raggruppamento Artiglieria d'Assedio (Col. Guido Orsi)
75° Raggruppamento Artiglieria d'Assedio (Col. Gustavo Castelli)
XVI Gruppo Bombarde
XVII Gruppo Bombarde
CXII Gruppo Bombarde
7° Raggruppamento Artiglieria Controaerei
LXXII Battaglione Genio Zappatori
IX Battaglione Genio Minatori
36a Compagnia Genio Minatori
53a Compagnia Genio Minatori
308a Compagnia Genio Minatori
9a Compagnia Genio Telegrafisti
33a Compagnia Genio Telegrafisti
IX Gruppo Aeroplani
72a Squadriglia Caccia (Busiago, 11 *Henriot* HD)
74a Squadriglia Caccia (Castenedolo, 17 *Nieuport* 27 e *Henriot* HD)
112a Squadriglia Ricognizione (Castenedolo, 11 *Pomilio* PE)
120a Squadriglia Ricognizione (Castenedolo, 3 SAML *Aviatik* e *Pomilio* PE)
136a Squadriglia Ricognizione (Castenedolo, 10 *Pomilio* PE)
VI Sezione Bombardamento-Ricognizione (Castenedolo, 7 SVA)
XX Gruppo Aeroplani
37a Squadriglia Caccia (Ponte San Marco, 7 SP 3 e SIA)
40a Squadriglia Caccia (Pian Camuno, 2 SIA 7 B)
113a Squadriglia Ricognizione (Medole, 3 *Pomilio* PE)
XXIII Gruppo Aeroplani

INTENDENZA D'ARMATA (Ten. Gen. Vittorio Zaccone)

1a ARMATA (Ten. Gen. Guglielmo Pecori Giraldi)

Capo di Stato Maggiore: Magg. Gen. Giacomo Ferrari
Comandante d'Artiglieria: Magg. Gen. Giacchino San Martino di Strambino
Comandante del Genio: Ten. Gen. Umberto Giustetti
Comandante di Aeronautica: Col. Zino Gilbert de Winckels

V CORPO D'ARMATA (Ten. Gen. Giovanni Ghersi)

Capo di Stato Maggiore: Brig. Gen. Paolo Cornaro
Comandante d'Artiglieria: Brig. Gen. Ercole Dell'Isola
Comandante del Genio: Magg. Gen. Giuseppe d'Havet

55a Divisione Territoriale (Magg. Gen. Carlo Ferrario)
Capo di Stato Maggiore: Col. Giacomo Almagià
Brigata Territoriale *Liguria* (Col. Brig. Umberto Zamboni)
157° Reggimento Fanteria Territoriale (Ten. Col. Vittorio Boeri)
158° Reggimento Fanteria Territoriale (Ten. Col. Vincenzo Paladini)
Brigata Territoriale *Piceno* (Magg. Gen. Giovanni Sirombo)
235° Reggimento Fanteria Territoriale (Col. Ernesto Cabiati)
236° Reggimento Fanteria Territoriale (Col. Pietro Perrier)
15° Reggimento Artiglieria da Campagna (Col. Italo Ronconi)
428a Batteria Bombarde
LXXIV Battaglione Genio Zappatori
151a Compagnia Genio Telegrafisti
Servizi Divisionali

69a Divisione Territoriale (Magg. Gen. Alessandro Saporiti)
Capo di Stato Maggiore: Col. Duilio Rosmi Gervasoni
Brigata Territoriale *Pallanza* (Brig. Gen. Giovanni Battista De Angelis)
249° Reggimento Fanteria Territoriale (Col. Guido Bruni)
250° Reggimento Fanteria Territoriale (Col. Arturo Pratolongo)
IV Brigata Bersaglieri (Brig. Gen. Renato Piola Caselli)
14° Reggimento Bersaglieri Territoriale (Col. Talete Barbieri)
XL Battaglione Bersaglieri Territoriale
LIV Battaglione Bersaglieri Territoriale
LXI Battaglione Bersaglieri Territoriale
20° Reggimento Bersaglieri Territoriale (Col. Alberto Ricciardi)
LXX Battaglione Bersaglieri Territoriale
LXXI Battaglione Bersaglieri Territoriale
LXXII Battaglione Bersaglieri Territoriale
31° Reggimento Artiglieria da Campagna Territoriale (Col. Alberto Malingri)
408a Batteria Bombarde
XVIII Battaglione Genio Zappatori
163a Compagnia Genio Telegrafisti
Servizi Divisionali

Truppe Suppletive

4° Gruppo Alpini (Col. Giovanni Faracovi)
Battaglione *Feltre*/7° Reggimento Alpini
Battaglione Territoriale *Monte Pavione*/7° Reggimento Alpini
Battaglione Territoriale Monte Arvenis/8° Reggimento Alpini

17° Raggruppamento Artiglieria Pesante Campale (Col. Giuseppe Gonelli)
11a Compagnia Genio Telegrafisti
25a Compagnia Genio Telegrafisti
Servizi di Corpo d'Armata

X CORPO D'ARMATA (Ten. Gen. Giovanni Cattaneo)

Capo di Stato Maggiore: Col. Enrico Riccardi
Comandante d'Artiglieria: Col. Roberto Casana
Comandante del Genio: Brig. Gen. Aldo Monteguti

6a Divisione di Linea (Magg. Gen. Annibale Roffi)
Capo di Stato Maggiore: Ten. Col. Luigi Gambelli
Brigata di Linea *Valtellina* (Magg. Gen. Teobaldo Rosati)
65° Reggimento Fanteria di Linea (Col. Francesco Pietrasanta)
66° Reggimento Fanteria di Linea (Ten. Col. Giuseppe Giaroli)
Brigata Territoriale *Chieti* (Brig. Gen. Eugenio De Vecchi)
123° Reggimento Fanteria Territoriale (Ten. Col. Giuseppe Sobrero)
124° Reggimento Fanteria Territoriale (Col. Vito Nicosia)
8a Compagnia Guardia di Finanza
9a Compagnia Guardia di Finanza
16° Reggimento Artiglieria da Campagna (Col. Giulio De Seigneux)
108a Batteria Bombarde
LXVI Battaglione Genio Zappatori
106a Compagnia Genio Telegrafisti
Servizi Divisionali

32a Divisione Territoriale (Ten. Gen. Carlo Bloise)
Capo di Stato Maggiore: Ten. Col. Alberto Barbieri
Brigata di Linea *Acqui* (Magg. Gen. Gaspare Leone)
17° Reggimento Fanteria di Linea (Col. Cesare della Noce)
18° Reggimento Fanteria di Linea (Col. Alberto Rossi)
Brigata Territoriale *Volturno* (Brig. Gen. Clelio Nascimbene)
217° Reggimento Fanteria Territoriale (Ten. Col. Eugenio Asinari di Bernezzo)
218° Reggimento Fanteria Territoriale (Ten. Col. Luigi Brezza)
9° Reggimento Artiglieria da Campagna (Col. Pietro Testa)
416a Batteria Bombarde
II Battaglione Genio Zappatori
132a Compagnia Genio Telegrafisti
Servizi Divisionali

Truppe Suppletive

36° Reggimento Artiglieria da Campagna Territoriale (Col. Bianco Bianchi)
18° Raggruppamento Artiglieria Pesante Campale (Col. Giuseppe La Francesca)
15a Compagnia Genio telegrafisti
42a Compagnia Genio telegrafisti
Servizi di Corpo d'Armata

XXIX CORPO D'ARMATA (Ten. Gen. Vittorio De Albertis)

Capo di Stato Maggiore: Col. Melchiade Gabba
Comandante d'Artiglieria: Brig. Gen. Silvio Sircana
Comandante del Genio: Col. Lorenzo Ferraro

26a Divisione Territoriale (Magg. Gen. Giuseppe Battistoni)
Capo di Stato Maggiore: Col. Giacomo Carpentieri
Brigata di Linea *Pistoia* (Col. Adriano Alberti)
35° Reggimento Fanteria di Linea (Col. Vincenzo Gibelli)
36° Reggimento Fanteria di Linea (Ten. Col. Attilio Michelis)
Brigata Territoriale *Vicenza* (Brig. Gen. Giovanni Guerra)
277° Reggimento Fanteria Territoriale (Col. Raffaele Prandoni)
278° Reggimento Fanteria Territoriale (Col. Cesare Antoldi)
12° Reggimento Artiglieria da Campagna (Col. Luigi Bandozzi)
430a Batteria Bombarde
VIII Battaglione Genio Zappatori
124a Compagnia Genio Telegrafisti
Servizi Divisionali

Truppe Suppletive

32° Reggimento Artiglieria da Campagna Territoriale (Col. Alfredo Oggero)
10° Raggruppamento Artiglieria Pesante Campale (Col. Alfredo Saracchi)
41a Compagnia Genio telegrafisti
54a Compagnia Genio telegrafisti
Servizi di Corpo d'Armata

TRUPPE D'ARMATA

XXIX Reparto d'Assalto
XXXI Reparto d'Assalto
1° Reparto Mitragliatrici
14° Reggimento *Cavalleggeri di Alessandria* (5 squadroni, Col. Ernesto Tarditi)
XVII Gruppo Territoriale/3° Reggimento Artiglieria da Montagna
XXVII Gruppo Territoriale/3° Reggimento Artiglieria da Montagna
XXXIV Gruppo Territoriale/1° Reggimento Artiglieria da Montagna
XLVI Gruppo Territoriale/3° Reggimento Artiglieria da Montagna
XLIX Gruppo Territoriale/2° Reggimento Artiglieria da Montagna
LV Gruppo Territoriale/3° Reggimento Artiglieria da Montagna
LXIII Gruppo Territoriale/1° Reggimento Artiglieria da Montagna
XLVI Gruppo Obici Pesanti Campali
1° Raggruppamento Artiglieria d'Assedio (Col. Federico Moro)
2° Raggruppamento Artiglieria d'Assedio (Col. Francesco Sierra)
6° Raggruppamento Artiglieria d'Assedio (Col. Giovanni Mastellone)
15° Raggruppamento Artiglieria d'Assedio (Col. Giuseppe Lorito)
21° Raggruppamento Artiglieria d'Assedio (Col. Francesco Barattieri di San Pietro)
22° Raggruppamento Artiglieria d'Assedio (Col. Enrico Patrizi)
27° Raggruppamento Artiglieria d'Assedio (Col. Francesco Ingolotti)
29° Raggruppamento Artiglieria d'Assedio (Col. Raffaele Ruggiero)
32° Raggruppamento Artiglieria d'Assedio (Col. Tazio Ferrini)
54° Raggruppamento Artiglieria d'Assedio (Col. Alberto Gunzi)

55° Raggruppamento Artiglieria d'Assedio (Col. Enrico Zoppi)
56° Raggruppamento Artiglieria d'Assedio (Col. Riccardo Angelozzi)
XVII Gruppo Bombarde
LVI Gruppo Bombarde
CXII Gruppo Bombarde
CXVI Gruppo Bombarde
1° Raggruppamento Artiglieria Controaerei (Col. Luigi Tappi)
I Gruppo Artiglieria Fonotelemetristi
- 7a Sezione Artiglieria Fonotelemetristi
- 8a Sezione Artiglieria Fonotelemetristi
- 17a Sezione Artiglieria Fonotelemetristi

303a Compagnia Genio Zappatori Territoriale
309a Compagnia Genio Zappatori Territoriale
325a Compagnia Genio Zappatori Territoriale
326a Compagnia Genio Zappatori Territoriale
329a Compagnia Genio Zappatori Territoriale
XXV Plotone autonomo Genio Zappatori Sardi
XXXIII Plotone autonomo Genio Zappatori Sardi
V Battaglione Genio Minatori
1a Compagnia Genio Minatori
9a Compagnia Genio Minatori
13a Compagnia Genio Minatori
17a Compagnia Genio Minatori
25a Compagnia Genio Minatori
15a Compagnia Genio Telegrafisti
38a Compagnia Genio Telegrafisti
Sezione Genio Fotografica 1a Armata
III Gruppo Aeroplani
- 61a Squadriglia Ricognizione (Ganfardine, 8 SP 4)
- 75a Squadriglia Caccia (Busiago, 15 *Nieuport* 27 e *Henriot* HD)
- 134a Squadriglia Ricognizione (Ganfardine, 14 *Pomilio* PD e PE)

XVI Gruppo Aeroplani
- 31a Squadriglia Caccia (Castelgomberto, 6 SP 3 e SIA)
- 71a Squadriglia Caccia (Castelgomberto, 13 SPAD e *Henriot* HD)
- 121a Squadriglia Ricognizione (Castelgomberto, 7 SAML *Aviatik*)
- 135a Squadriglia Ricognizione (Castelgomberto, 10 *Pomilio* PE)

INTENDENZA D'ARMATA (Magg. Gen. Leopoldo Durando)

6a ARMATA (Ten. Gen. Luca Montuori)

Capo di Stato Maggiore: Col. Brig. Alberto Bonzani
Comandante d'Artiglieria: Magg. Gen. Roberto Segre
Comandante del Genio: Magg. Gen. Luigi Pollari Maglietta

XX CORPO D'ARMATA (Ten. Gen. Giuseppe Ferrari)

Capo di Stato Maggiore: Col. Giuliano Gabutti
Comandante d'Artiglieria: Brig. Gen. Giacomo Testa di Marciano
Comandante del Genio: Col. Francesco Echaiz

7a Divisione di Linea (Ten. Gen. Agostino Ravelli)
Capo di Stato Maggiore: Col. Emilio Gravelli
Brigata di Linea *Bergamo* (Brig. Gen. Alessandro Giovagnoli)
    25° Reggimento Fanteria di Linea (Col. Giuseppe Santangelo)
    26° Reggimento Fanteria di Linea (Col. Giovanni Battista Boffano)
Brigata di Linea *Ancona* (Brig. Gen. Giulio Zanchi)
    69° Reggimento Fanteria di Linea (Col. Emilio Valentini)
    70° Reggimento Fanteria di Linea (Ten. Col. Ettore Gario)
49° Reggimento Artiglieria da Campagna Territoriale (Col. Luigi Cassinis)
404a Batteria Bombarde
LVII Battaglione Genio Zappatori
107a Compagnia Genio Telegrafisti
Servizi Divisionali

29a Divisione Territoriale (Magg. Gen. Giuseppe Boriani)

Capo di Stato Maggiore: Ten. Col. Giovanni Torrieri
Brigata Territoriale *Treviso* (2a, Brig. Gen. Guido Malatesta)
    99° Reggimento Fanteria Territoriale (Col. Manfredi Renzi)
    100° Reggimento Fanteria Territoriale (Ten. Col. Francesco Benussi ad interim)
Brigata Territoriale *Murge* (Magg. Gen. Eugenio Lombardi)
    259° Reggimento Fanteria Territoriale (Col. Attilio Rancher)
    260° Reggimento Fanteria Territoriale (Ten. Col. Giulio Rivalta)
59° Reggimento Artiglieria da Campagna Territoriale (Col. Primo Dallari)
415a Batteria Bombarde
69a Compagnia Genio Zappatori
137a Compagnia Genio Telegrafisti
Servizi Divisionali

Truppe Suppletive

5° Raggruppamento Artiglieria Pesante Campale (Col. Alessandro Faujas)
34a Compagnia Genio Telegrafisti
37a Compagnia Genio Telegrafisti
Servizi di Corpo d'Armata

XII CORPO D'ARMATA (Ten. Gen. Giuseppe Pennella)

Capo di Stato Maggiore: Col. Matteo Angelini
Comandante d'Artiglieria: Brig. Gen. Roberto Sandulli
Comandante del Genio: Brig. Gen. Alfonso Jervolino

20a Divisione di Linea (Magg. Gen. Gioacchino Pacini)
Capo di Stato Maggiore: Ten. Col. Giuseppe Ivaldi
Brigata di Linea *Parma* (Col. Brig. Vincenzo Boveri)
    49° Reggimento Fanteria di Linea (Col. Guido Asinari di San Marzano)
    50° Reggimento Fanteria di Linea (Col. Bartolomeo Petrini)
Brigata Territoriale *Lario* (Col. Brig. Cesare Testafochi)
    233° Reggimento Fanteria Territoriale (Col. Giovanni Beltrandi)
    234° Reggimento Fanteria Territoriale (Col. Antonino Palumbo)

58° Reggimento Artiglieria da Campagna Territoriale (Col. Enrico Candela)
109a Batteria Bombarde
LII Battaglione Genio Zappatori
120a Compagnia Genio Telegrafisti
Servizi Divisionali

***48th Infantry Division "South Midland"* (britannica)** (Gen. Maj.H. B. Walker)
Capo di Stato Maggiore: Lt. Col. H. C. L. Howard

143th *Infantry Brigade* (Brig. Gen. G. C. Sladen)
- 5th *Btg /Inf. Rgt Royal Warwick*
- 6th *Btg /Inf. Rgt Royal Warwick*
- 7th *Btg /Inf. Rgt Royal Warwick*

144th *Infantry Brigade* (Brig. Gen. H. R. Done)
- 4th *Btg /Inf. Rgt Gloucester*
- 6th *Btg /Inf. Rgt Gloucester*
- 7th *Btg /Inf. Rgt Gloucester*

145th *Infantry Brigade* (Brig. Gen. G. W. Howard)
- 4th B*tg / Oxfordshire & Buckinghamshire Light Inf. Rgt.*
- 4th *Btg /Inf. Rgt Royal Berkshire*
- 1st *Company/ Bucks' Btg / Oxfordshire & Buckinghamshire Light Inf. Rgt.*
- 145th *Battery Trench Mortars*

240th Artillery Brigade (Maj. Bayne Jardine)
- *Field artillery Btr A*
- *Field artillery Btr B*
- *Field artillery Btr C*
- *Horse artillery Btr D*

241st *Artillery Brigade* (Lt. Col. J. R. Conville)
- *Field artillery Btr A*
- *Field artillery Btr B*
- *Field artillery Btr C*
- *Horse artillery Btr D*

Battery Trench Mortars X/48th *Field Artillery Regiment*
Battery Trench Mortars Y/48th *Field Artillery Regiment*
1st *Company* /5th *Pioneer Btg /Inf. Rgt Royal Sussex*
Servizi Divisionali

Truppe Suppletive

6° Raggruppamento Artiglieria Pesante Campale (Col. Pasquale Gagliani)
19a Compagnia Genio Telegrafisti
58a Compagnia Genio Telegrafisti
Servizi di Corpo d'Armata

XIII CORPO D'ARMATA (Ten. Gen. Ugo Sani)

Capo di Stato Maggiore: Magg. Gen. Camillo Rossi
Comandante d'Artiglieria: Brig. Gen. Giorgio Nobili
Comandante del Genio: Magg. Gen. Giuseppe Motta

14a Divisione di Linea (Ten. Gen. principe Maurizio Gonzaga)

Capo di Stato Maggiore: Ten. Col. Guglielmo Nasi
Brigata di Linea *Pinerolo* (Brig. Gen. Carlo Perris)
13° Reggimento Fanteria di Linea (Col. Giorgio della Chiesa d'Isasca)
14° Reggimento Fanteria di Linea (Ten. Col. Romeo Mella)
Brigata Territoriale *Lecce* (Brig. Gen. Ruggero Santini)
265° Reggimento Fanteria Territoriale (Ten. Col. Gaetano Amabile)
266° Reggimento Fanteria Territoriale (Col. Francesco Bonetti)
24° Reggimento Artiglieria da Campagna (Col. Giuseppe Tarlarini)
387a Batteria Bombarde
LXXXV Battaglione Genio Zappatori
114a Compagnia Genio Telegrafisti
Servizi Divisionali

28a Divisione Territoriale (Magg. Gen. Alessandro Tagliaferri)
Capo di Stato Maggiore: Ten. Col. Ettore Bastico
Brigata Territoriale *Padova* (Magg. Gen. Carlo De Antoni)
117° Reggimento Fanteria Territoriale (Col. Giuseppe Crippa)
118° Reggimento Fanteria Territoriale (Col. Arturo Conciliani)
Brigata Territoriale *Teramo* (Magg. Gen. Stanislao Mammuccari)
241° Reggimento Fanteria Territoriale (ad interim[58])
242° Reggimento Fanteria Territoriale (Col. Carlo Biondo)
22° Reggimento Artiglieria da Campagna (Col. Carlo Archivolti)
121a Batteria Bombarde
LXII Battaglione Genio Zappatori
129a Compagnia Genio Telegrafisti
Servizi Divisionali

24e *Division d'Infanterie* (francese) (Gen. Brig. Dominique Joseph Oudry)
Chef d'Etat Maior: Ten. Col. Lenoble
50e *Regiment d'Infanterie de ligne* (Col. Larrien)
108e *Regiment d'Infanterie de ligne* (Col. Tonnet)
126e Regiment d'Infanterie de ligne (Col. Cholet)
34e *Regiment d'Artillerie* (Col. Darnet)
2e *Companie/12e Battaillon de Sapeurs*
52e *Companie/ 12e Battaillon de Sapeurs*
71e *Companie/12e Battaillon de Sapeurs*
Servizi Divisionali

Truppe Suppletive

1 Raggruppamento artiglieria pesante campale (Col. Giuseppe Fuscaldo)
47a Compagnia Genio Telegrafisti
56a Compagnia Genio Telegrafisti
Servizi di Corpo d'Armata

TRUPPE D'ARMATA

---

[58] Il colonnello comandante, Rodolfo Graziani, futuro Maresciallo d'Italia, era sato gravemente ferito durante la battaglia del Solstizio.

LIII Reparto d'Assalto
LXX Reparto d'Assalto
6 reparti mitraglieri
18° Reggimento *Cavalleggeri di Piacenza* (3 squadroni, Col. Camillo Iannelli)
XXXV Gruppo Territoriale/1° Reggimento Artiglieria da Montagna
LII Gruppo Territoriale/1° Reggimento Artiglieria da Montagna
LVI Gruppo Territoriale/3° Reggimento Artiglieria da Montagna
LX Gruppo Territoriale/3° Reggimento Artiglieria da Montagna
VIII Gruppo Cannoni Pesanti Campali
IX Gruppo Cannoni Pesanti Campali
LI Gruppo Cannoni Pesanti Campali
XXV Gruppo Obici Pesanti Campali
XXXV Gruppo Obici Pesanti Campali
XXXVII Gruppo Obici Pesanti Campali
4° Raggruppamento Artiglieria d'Assedio (Col. Giuseppe Storaci)
7° Raggruppamento Artiglieria d'Assedio (Col. Augusto De Pignier)
25° Raggruppamento Artiglieria d'Assedio (Col. Nicolò Castagnetta)
26° Raggruppamento Artiglieria d'Assedio (Col. Alfredo De Rosa)
41° Raggruppamento Artiglieria d'Assedio (Col. Francesco Spanò)
42° Raggruppamento Artiglieria d'Assedio (Col. Pietro Andreani)
65° Raggruppamento Artiglieria d'Assedio (Col. Giuseppe Campana)
66° Raggruppamento Artiglieria d'Assedio (Col. Alberto Fredin)
68° Raggruppamento Artiglieria d'Assedio (Col. Giovanni Assereto)
XXV Gruppo Bombarde
LIII Gruppo Bombarde
LV Gruppo Bombarde
LVII Gruppo Bombarde
CXIV Gruppo Bombarde
CXV Gruppo Bombarde
CXVIII Gruppo Bombarde
6° Raggruppamento Artiglieria Controaerei (Col. Ferdinando Radicati di Primeglio)
LI Battaglione Genio Zappatori
LXXXIV Battaglione Genio Zappatori
VII Battaglione Genio Minatori
VIII Battaglione Genio Minatori
48a Compagnia Genio Minatori
49a Compagnia Genio Minatori
2a Compagnia/I Battaglione Genio Pontieri
39a Compagnia Genio Telegrafisti
44a Compagnia Genio Telegrafisti
65a Compagnia Genio Telegrafisti
74a Compagnia Genio Telegrafisti
Sezione Genio Fotografica 6a Armata
1a Compagnia Lanciafiamme
4a Compagnia Lanciafiamme
5a Compagnia Lanciafiamme
6a Compagnia Lanciafiamme
8a Compagnia Lanciafiamme
VII Gruppo Aeroplani
- 26a Squadriglia Ricognizione (San Pietro in Gu, 12 SP 3 e SIA)
- 32a Squadriglia Ricognizione (San Pietro in Gu, 9 SIA 7 B)
- 33a Squadriglia Ricognizione (San Pietro in Gu, 5 SP 3)

XXIV Gruppo Aeroplani

83a Squadriglia Caccia (Poianella, 20 *Nieuport* 27 e *Henriot* HD)

II Sezione Bombardamento-Ricognizione (Poianella, 6 SVA)

VI Gruppo Sezioni Aerostieri

2a Compagnia Servizi *Decauville*

5a Compagnia Servizi *Decauville*

6a Compagnia Servizi *Decauville*

INTENDENZA D'ARMATA (Col. Giulio de Medici)

4a ARMATA

(Ten. Gen. Gaetano Giardino)

Capo di Stato Maggiore: Magg. Gen. Giacomo Ponzio
Comandante d'Artiglieria: Magg. Gen. Roberto Galati
Comandante del Genio: Magg. Gen. Gustavo Nicoletti Altimari
Comandante di Aeronautica: Col. Augusto Gallina

IX CORPO D'ARMATA (Ten. Gen. Emilio De Bono)

Capo di Stato Maggiore: Col. Amedeo Guillet
Comandante d'Artiglieria: Col. Brig. Paolo Pizzoni
Comandante del Genio: Col. Pietro Sartori

17a Divisione di Linea (Magg. Gen. Adolfo Leoncini)
Capo di Stato Maggiore: Col. Giulio Beltrami
Brigata di Linea *Abruzzi* (Brig. Gen. Luigi Franchini)

57° Reggimento Fanteria di Linea (Ten. Col. Edoardo Ridolfi)

58° Reggimento Fanteria di Linea (Ten. Col. Efraim Campanini)

Brigata di Linea *Basilicata* (Brig. Gen. Giorgio Boccacci)

91° Reggimento Fanteria di Linea (Col. Alessandro Goffi)

92° Reggimento Fanteria di Linea (Col. Mario Mariotti)

1° Reggimento Artiglieria da Campagna (Col. Artuso Trapani)
411a Batteria Bombarde
XIV Battaglione Genio Zappatori
117a Compagnia Genio Telegrafisti
Servizi Divisionali

18a Divisione di Linea (Magg. Gen. Luigi Rosacher)
Capo di Stato Maggiore: Ten. Col. Leonida Pacini
Brigata di Linea *Calabria* (Brig. Gen. Filippo Martinengo)

59° Reggimento Fanteria di Linea (Col. Ettore Strumia)

60° Reggimento Fanteria di Linea (Col. Gaetano Franco)

Brigata Territoriale *Bari* (Brig. Gen. Benedetto Ruggeri)

139° Reggimento Fanteria Territoriale (Col. Gioacchino Nastasi)

140° Reggimento Fanteria Territoriale (Ten. Col. Piero Bonami)

33° Reggimento Artiglieria da Campagna Territoriale (Col. Ottoniello Baseggio)
412a Batteria Bombarde
XV Battaglione Genio Zappatori
118a Compagnia Genio Telegrafisti

Servizi Divisionali

21a Divisione di Linea (Magg. Gen. Alberto Cangemi)
Capo di Stato Maggiore: Ten. Col. Domenico Rossi
Brigata di Linea *Siena* (Brig. Gen. Nestore Fasolis)
31° Reggimento Fanteria di Linea (Col. Gustavo Moreno)
32° Reggimento Fanteria di Linea (Col. Alessandro Barone)
Brigata di Linea *Forlì* (Magg. Gen. Giulio Corradi)
43° Reggimento Fanteria di Linea (Col. Carlo Roggeri)
44° Reggimento Fanteria di Linea (Col. Guido Figliolini)
28° Reggimento Artiglieria da Campagna Territoriale (Col. Mario Romanelli)
367a Batteria Bombarde
XXXIV Battaglione Genio Zappatori
121a Compagnia Genio Telegrafisti
Servizi Divisionali

Truppe Suppletive

4° Raggruppamento Artiglieria Pesante Campale (Col. Augusto Fenoaltea)
3a Compagnia Genio Telegrafisti
5a Compagnia Genio Telegrafisti
Servizi di Corpo d'Armata

VI CORPO D'ARMATA (Ten. Gen. Luigi Lombardi)

Capo di Stato Maggiore: Col. Michele Serra
Comandante d'Artiglieria: Brig. Gen. Francesco Galati
Comandante del Genio: Brig. Gen. Achille Gasca

15a Divisione di Linea (Ten. Gen. Giuseppe Petilli)
Capo di Stato Maggiore: Col. Riccardo Moizo
Brigata di Linea *Cremona* (Brig. Gen. Ferruccio Marincola)
21° Reggimento Fanteria di Linea (Col. Enrico Mettino)
22° Reggimento Fanteria di Linea (Col. Ignazio Liotta)
Brigata Territoriale *Pesaro* (Magg. Gen. Carlo Castellazzi)
239° Reggimento Fanteria Territoriale (Col. Luigi Ganini)
(dal 25 Ottobre Col. Giuseppe Bavagnoli)
240° Reggimento Fanteria Territoriale (Ten. Col. Alberto Nesi)
19° Reggimento Artiglieria da Campagna (Col. Romano Fontana)
410a Batteria Bombarde
XXVII Battaglione Genio Zappatori
115a Compagnia Genio Telegrafisti
Servizi Divisionali

22a Divisione di Linea (Magg. Gen. Giovanni Battista Chiossi)
Capo di Stato Maggiore: Col. Giuseppe Tellera
Brigata di Linea *Roma* (Brig. Gen. Cesare Spalvieri)
79° Reggimento Fanteria di Linea (Col. Francesco Bivona)
80° Reggimento Fanteria di Linea (Col. Edoardo Marini)
Brigata Territoriale *Firenze* (Brig. Gen. Alberto Rovelli)
127° Reggimento Fanteria Territoriale (Col. Gino Da Sacco)

128° Reggimento Fanteria Territoriale (Col. Natale Paoletti)
46° Reggimento Artiglieria da Campagna Territoriale (Col. Oreste De Strobel)
368a Batteria Bombarde
XI Battaglione Genio Zappatori
103a Compagnia Genio Telegrafisti
Servizi Divisionali

59a Divisione Territoriale (Magg. Gen. Isidoro Zampolli)

Capo di Stato Maggiore: Col. Alberto Gordesco
Brigata di Linea *Modena* (Brig. Gen. Luigi Doniselli)
41° Reggimento Fanteria di Linea (Col. Abelardo Pecorini)
42° Reggimento Fanteria di Linea (Ten. Col. Carlo Schezzi)
Brigata Territoriale *Massa Carrara* (Brig. Gen. Francesco Bellotti)
251° Reggimento Fanteria Territoriale (Col. Ettore Cossu)
252° Reggimento Fanteria Territoriale (Col. Leone Taccini)
50° Reggimento Artiglieria da Campagna Territoriale (Col. Carlo Bellini)
426a Batteria Bombarde
LXXXII Battaglione Genio Zappatori
159a Compagnia Genio Telegrafisti
Servizi Divisionali

Truppe Suppletive

15° Reggimento Artiglieria da Campagna (Col. Carlo Santangelo)
8a Compagnia Genio Telegrafisti
29a Compagnia Genio Telegrafisti
Servizi di Corpo d'Armata

XXX CORPO D'ARMATA (Ten. Gen. Umberto Montanari)

Capo di Stato Maggiore: Col. Enrico Baffigi
Comandante d'Artiglieria: Magg. Gen. Arturo Cheli
Comandante del Genio: Brig. Gen. Carlo De Antoni

47a Divisione Territoriale (Magg. Gen. Nicola Gualtieri)
Capo di Stato Maggiore: Col. Alfredo Fasella
Brigata di Linea *Bologna* (Brig. Gen. Camillo Pagliano)
39° Reggimento Fanteria di Linea (Col. Gaetano Napoletano)
40° Reggimento Fanteria di Linea (Col. Alessandro Bloise)
Brigata di Linea *Lombardia* (Brig. Gen. Marcello De Luca)
73° Reggimento Fanteria di Linea (Col. Enrico Lettel)
74° Reggimento Fanteria di Linea (Col Carlo Benedicenti)
57° Reggimento Artiglieria da Campagna Territoriale (Col. Antonio Cerutti)
420a Batteria Bombarde
XIX Battaglione Genio Zappatori
140a Compagnia Genio Telegrafisti
Servizi Divisionali

50a Divisione Territoriale (Brig. Gen. Arturo Maggi)
Capo di Stato Maggiore: Ten. Col. Vittorio Vernè

Brigata di Linea *Aosta* (Col. Brig. Roberto Bencivenga)
5° Reggimento Fanteria di Linea (Col. Roberto Simondetti)
6° Reggimento Fanteria di Linea (Col. Vincenzo Streva)
Brigata di Linea *Udine* (Brig. Gen. Arturo Maggi)
95° Reggimento Fanteria di Linea (Col. Luigi De Nava)
96° Reggimento Fanteria di Linea (Col Giuseppe Grisoni)
20° Reggimento Artiglieria da Campagna (Col. Giacinto Prat)
421a Batteria Bombarde
III Battaglione Genio Zappatori
150a Compagnia Genio Telegrafisti
Servizi Divisionali

80a Divisione Alpinia (Magg. Gen. Lorenzo Barco)

Capo di Stato Maggiore: Col. Carlo Bergera

VIII Raggruppamento Alpini (Col. Bartolo Gambi)
6° Gruppo Alpini (Col. Edoardo Grandolfi)
Battaglione *Aosta*/4° Reggimento Alpini
Battaglione Territoriale *Monte Levanna*/4° Reggimento Alpini
Battaglione Teritoriale *Val Toce*/4° Reggimento Alpini
III Gruppo *Torino-Pinerolo*/1° Reggimento Artiglieria da Montagna
13° Gruppo Alpini (Col. Ottorino Ragni)
Battaglione *Pieve di Cadore*/7° Reggimento Alpini
Battaglione Territoriale *Monte Antelao*/7° Reggimento Alpini
Battaglione Territoriale *Val Cismon*/7° Reggimento Alpini
XXV Gruppo Territoriale/1° Reggimento Artiglieria da Montagna

IX Raggruppamento Alpini (Magg. Gen. Achille Porta)
17° Gruppo Alpini (Col. Giacomo Appiotti)
Battaglione *Exilles*/3° Reggimento Alpini
Battaglione Territoriale *Monte Suello*/5° Reggimento Alpini
Battaglione Territoriale *Monte Pelmo*/7° Reggimento Alpini
XV Gruppo Territoriale/1° Reggimento Artiglieria da Montagna
20° Gruppo Alpini (Col. Serafino Pratis)
Battaglione *Cividale*/8° Reggimento Alpini
Battaglione Territoriale *Monte Saccarello*/1° Reggimento Alpini
Battaglione Territoriale *Monte Cervino*/4° Reggimento Alpini
XLVIII Gruppo Territoriale/3° Reggimento Artiglieria da Montagna

1° Reggimento Artiglieria da Montagna (Col. Francesco Tarantola)
32a Compagnia Genio Zappatori
75a Compagnia Genio Telegrafisti
Servizi Divisionali

Truppe Suppletive

19° Raggruppamento Artiglieria Pesante Campale (Col. Attilio Gentilini)
35a Compagnia Genio Telegrafisti
53a Compagnia Genio Telegrafisti
Servizi di Corpo d'Armata

TRUPPE D'ARMATA

III Reparto d'Assalto
IX Reparto d'Assalto
XVIII Reparto d'Assalto
XXIII Reparto d'Assalto
LV Reparto d'Assalto
29a Compagnia Guardia di Finanza
4° Reparto Mitraglieri
21° Reggimento *Cavalleggeri di Padova* (5 squadroni, Col. Raffaele Salvati)
5° Raggruppamento Artiglieria da Montagna
I Gruppo Torino-Susa/1° Reggimento Artiglieria da Montagna
II Gruppo Torino-Aosta/1° Reggimento Artiglieria da Montagna
VI Gruppo Udine/2° Reggimento Artiglieria da Montagna
VII Gruppo Vicenza/2° Reggimento Artiglieria da Montagna
VIII Gruppo Belluno/2° Reggimento Artiglieria da Montagna
X Gruppo Genova/3° Reggimento Artiglieria da Montagna
XI Gruppo Bergamo/3° Reggimento Artiglieria da Montagna
XIII Gruppo da Montagna/22° Reggimento Artiglieria da Campagna
XXXIII Gruppo Territoriale/1° Reggimento Artiglieria da Montagna
XXXVIII Gruppo Territoriale/1° Reggimento Artiglieria da Montagna
LI Gruppo da Montagna Territoriale/36° Reggimento Artiglieria da Campagna
LXI Gruppo Territoriale/2° Reggimento Artiglieria da Montagna
LXII Gruppo Territoriale/1° Reggimento Artiglieria da Montagna
XI Gruppo Cannoni Pesanti Campali
XXII Gruppo Cannoni Pesanti Campali
XXIII Gruppo Cannoni Pesanti Campali
XXVII Gruppo Cannoni Pesanti Campali
XXXI Gruppo Cannoni Pesanti Campali
XXXVI Gruppo Cannoni Pesanti Campali
II Gruppo Obici Pesanti Campali
III Gruppo Obici Pesanti Campali
X Gruppo Obici Pesanti Campali
XVI Gruppo Obici Pesanti Campali
XVII Gruppo Obici Pesanti Campali
XIX Gruppo Obici Pesanti Campali
XXIII Gruppo Obici Pesanti Campali
XXXVIII Gruppo Obici Pesanti Campali
XLIX Gruppo Obici Pesanti Campali
CII Gruppo Obici Pesanti Campali
9° Raggruppamento Artiglieria d'Assedio (Col. Francesco Zampieri)
14° Raggruppamento Artiglieria d'Assedio (Col. Camillo Gatti)
30° Raggruppamento Artiglieria d'Assedio (Col. Amerigo Gloria)
34° Raggruppamento Artiglieria d'Assedio (Col. Alberto Bianco)
46° Raggruppamento Artiglieria d'Assedio (Col. Fortunato Gurgo)
47° Raggruppamento Artiglieria d'Assedio (Col. Luigi Romita)
48° Raggruppamento Artiglieria d'Assedio (Col. Francesco Mazzoni)
58° Raggruppamento Artiglieria d'Assedio (Col. Edmondo Baumgarten)
59° Raggruppamento Artiglieria d'Assedio (Col. Raffaele Scalettaris)
63° Raggruppamento Artiglieria d'Assedio (Col. Carlo Amati)
XXXII Gruppo Bombarde
XXXVIII Gruppo Bombarde

XLI Gruppo Bombarde
CI Gruppo Bombarde
CIII Gruppo Bombarde
CX Gruppo Bombarde
4° Raggruppamento Artiglieria Controaerei (Col. Giuseppe Zardo)
III Gruppo Artiglieria Fonotelemetristi
- 4a Sezione Artiglieria Fonotelemetristi
- 12a Sezione Artiglieria Fonotelemetristi
- 13a Sezione Artiglieria Fonotelemetristi

XXI Battaglione Genio Zappatori
LIV Battaglione Genio Zappatori
CIII Battaglione Genio Zappatori
CIV Battaglione Genio Zappatori
302a Compagnia Genio Zappatori Territoriale
310a Compagnia Genio Zappatori Territoriale
318a Compagnia Genio Zappatori Territoriale
324a Compagnia Genio Zappatori Territoriale
328a Compagnia Genio Zappatori Territoriale
VI Battaglione Genio Minatori
- 7a Compagnia Genio Minatori
- 16a Compagnia Genio Minatori
- 31a Compagnia Genio Minatori

8a Compagnia Genio Minatori
11a Compagnia Genio Minatori
19a Compagnia Genio Minatori
45a Compagnia Genio Minatori
Sezione Genio Fotografica 4a Armata
4a Compagnia Genio Telegrafisti
22a Compagnia Genio Telegrafisti
Gruppo Genio Lavoratori Gavotti
9a Compagnia Lanciafiamme
II Gruppo Aeroplani
- 132a Squadriglia Ricognizione (Isola di Carturo, 11 *Pomilio* PE)
- 133a Squadriglia Ricognizione (Isola di Carturo, 10 *Pomilio* PE)
- III Sezione Bombardamento-Ricognizione (Isola di Carturo, 8 SVA)

VI Gruppo Aeroplani
- 76a Squadriglia Caccia (Casoni, 17 *Henriot* HD)
- 81a Squadriglia Caccia (Casoni, 20 *Nieuport* 27 e *Henriot* HD)

XII Gruppo Aeroplani
- 22a Squadriglia Ricognizione (Casoni, 4 SIA 7 B)
- 27a Squadriglia Ricognizione (Castel di Godego, 1 SIA 7 B)
- 35a Squadriglia Ricognizione (Castel di Godego, 5 SIA 7 B)
- 36a Squadriglia Ricognizione (Casoni, 4 SIA 7 B)
- 48a Squadriglia Ricognizione (Castel di Godego, 3 *Caudron* G 4)
- II Sezione/24a Squadriglia Ricognizione (Casoni, 3 SIA 7 B)

II Gruppo Sezioni Aerostieri

INTENDENZA D'ARMATA (Magg. Gen. Guido Liuzzi)

12a ARMATA FRANCESE
(Ten. Gen. Jean Cesar Graziani)

Capo di Stato Maggiore: Col. Bauby
Comandante d'Artiglieria: Magg. Gen. Farsac
Comandante del Genio: Brig. Gen. Quillet

I CORPO D'ARMATA (Ten. Gen. Donato Etna[59])

Capo di Stato Maggiore: Col. Rodolfo Caveglia
Comandante d'Artiglieria: Magg. Gen. Salvatore Pasqualino
Comandante del Genio: Magg. Gen. Carlo Ricca

24a Divisione di Linea (Magg. Gen. Luigi Tiscornia)

Capo di Stato Maggiore: Ten. Col. Nicola Bellomo (dal 29 Ottobre Ten. Col. Valentino Bobbio)
Brigata Territoriale *Taranto* (Brig. Gen. Giuseppe Saccomani)
  143° Reggimento Fanteria Territoriale (Ten. Col. Enrico Fulvio)
  144° Reggimento Fanteria Territoriale (Col. Giovanni Vaccarino)
Brigata Territoriale *Gaeta* (Magg. Gen. Augusto Borra)
  263° Reggimento Fanteria Territoriale (Col. Guido Spallanzani)
  264° Reggimento Fanteria Territoriale (Col. Pietro De Lieto Vollaro)
21° Reggimento Artiglieria da Campagna (Col. Domenico Fornoni)
413a Batteria Bombarde
LXXI Battaglione Genio Zappatori
136a Compagnia Genio Telegrafisti
Servizi Divisionali

70a Divisione Territoriale (Magg. Gen. C. B. Raimondo)

Capo di Stato Maggiore: Col. Giuseppe Dall'Osta
Brigata di Linea *Re* (Brig. Gen. Giusto Macario)
  1° Reggimento Fanteria di Linea (Col. Francesco Montuori)
  2° Reggimento Fanteria di Linea (Col. Dino Diana)
Brigata Territoriale *Trapani* (Magg. Gen. Adolfo Bava)
  149° Reggimento Fanteria Territoriale (Col. Luigi Elia)
  150° Reggimento Fanteria Territoriale (Ten. Col. Riccardo Gorin)
23° Reggimento Artiglieria da Campagna (Col. Edoardo Rovere)
429a Batteria Bombarde
LXIV Battaglione Genio Zappatori
161a Compagnia Genio Telegrafisti
Servizi Divisionali

Truppe Suppletive

---

[59]Donato Etna era nato a Mondovì il 15 giugno 1858, ufficialmente da genitori ignoti, ma in realtà figlio del re Vittorio Emanuele II e della “maestrina di Frabosa”, di cui si ignora il nome. Ciò spiega perché un presunto trovatello potesse frequentare l’Accademia Militare, e diventare poi Senatore del Regno. Etna si dimostro un ottimo comandante delle truppe alpine, e fu lui a sperimentare la divisa grigioverde; combatté nella campagna di Libia nel 1911- 1912 e nel 1915 conquistò il Monte Nero e l’anno successivo il Monte Cauriol.

I Reparto d'Assalto
20° Raggruppamento Artiglieria Pesante Campale (Col. Gennaro De Stefano)
12a Compagnia Genio Telegrafisti
30a Compagnia Genio Telegrafisti
Servizi di Corpo d'Armata

52a DIVISIONE ALPINA (Magg. Gen. Pietro Ronchi)

Capo di Stato Maggiore: Col. Umberto Testa
I Raggruppamento Alpini (Brig. Gen. Gerolamo Pezzana)
1° Gruppo Alpini (Col. Giuseppe Rambaldi)
Battaglione *Morbegno*/5° Reggimento Alpini
Battaglione *Tirano*/5° Reggimento Alpini
Battaglione Territoriale *Monte Stelvio*/5° Reggimento Alpini
XXX Gruppo Territoriale/2° Reggimento Artiglieria da Montagna
9° Gruppo Alpini (Col. Guido Scarandola)
Battaglione *Verona*/6° Reggimento Alpini
Battaglione Bassano/6° Reggimento Alpini
Battaglione Territoriale *Monte Baldo*/6° Reggimento Alpini
Battaglione Territoriale *Sette Comuni*/6° Reggimento Alpini
LIII Gruppo Territoriale/2° Reggimento Artiglieria da Montagna

I Raggruppamento Alpini (Brig. Gen. Arnaldo Garelli)
5° Gruppo Alpini (Col. Antonio Ferrari)
Battaglione *Vestone*/5° Reggimento Alpini
Battaglione Territoriale *Monte Spluga*/5° Reggimento Alpini
Battaglione Territoriale *Valtellina*/5° Reggimento Alpini
LVII Gruppo Territoriale/3° Reggimento Artiglieria da Montagna
10° Gruppo Alpini (Col. Celestino Bes)
Battaglione *Vicenza*/6° Reggimento Alpini
Battaglione Territoriale *Monte Berico*/6° Reggimento Alpini
Battaglione Territoriale *Val d'Adige*/6° Reggimento Alpini
XXXII Gruppo Territoriale/3° Reggimento Artiglieria da Montagna

LII Reparto d'Assalto
Comando 10° Raggruppamento Artiglieria da Montagna (Col. Ferdinando Avogadro di Collobiano)
422a Batteria Bombarde
LXXXVI Battaglione Genio Zappatori
152a Compagnia Genio Telegrafisti
Servizi Divisionali

23e DIVISION D'INFANTERIE (Brig. Gen. Ernest Bonfait)

Chef d'Etat maior: Ten. Col. Peronne
78e *Regiment d'Infanterie de Ligne* (Col. Campagne)
107e *Regiment d'Infanterie de Ligne* (Col. Bertaux)
138e *Regiment d'Infanterie de Ligne* (Col. Bayle)
21e *Regiment Chasseurs à Cheval*

21e *Regiment d'Artillerie* (Col. D'Escrienne)
5e *Group*/112e *Regiment d'Artillerie Lourde*
1er *Companie/12e Battaillon de Sapeurs/6e Regiment Genie*
51e *Companie/12e Battaillon de Sapeurs/6e Regiment Genie*
71e *Companie/12e Battaillon de Sapeurs/6e Regiment Genie*
Servizi Divisionali

TRUPPE D'ARMATA

6 reparti mitraglieri
4a Compagnia Motomitraglieri
14° Raggruppamento Artiglieria d'Assedio
63° Raggruppamento Artiglieria d'Assedio
I Gruppo Bombarde
CVI Gruppo Bombarde
12a Compagnia Genio Minatori
22° Gruppo Caccia Francese
254° Gruppo Caccia Francese
1a Squadriglia Caccia Francese
14a Sezione Aerostieri

8ª ARMATA
(Ten. Gen. Enrico Caviglia)

Capo di Stato Maggiore: Magg. Gen. Guido Coffaro
Comandante d'Artiglieria: Magg. Gen. Giuliano Ricci
Comandante del Genio: Magg. Gen. Maurizio Moris
Comandante di Aeronautica: Col. Ferdinando De Masellis

VIII CORPO D'ARMATA (Ten. Gen. Asclepia Gandolfo)

Capo di Stato Maggiore: Col. Mario Asinari di Bernezzo
Comandante d'Artiglieria: Magg. Gen. Enrico Bazzan
Comandante del Genio: Col. Ernesto Grassi

33a Divisione Territoriale (Magg. Gen. Carlo Sanna)
Capo di Stato Maggiore: Ten. Col. Antero Canale
Brigata Territoriale *Sassari* (Magg. Gen. Francesco Corso)
    151° Reggimento Fanteria Territoriale (Ten. Col. Ettore Mura)
    152° Reggimento Fanteria Territoriale (Col. Celestino Manunta)
Brigata Territoriale *Bisagno* (Brig. Gen. Giuseppe Barbieri)
    209° Reggimento Fanteria Territoriale (Col. Francesco Togni)
    210° Reggimento Fanteria Territoriale (Col. Teggia-Droghi)
11° Reggimento Artiglieria da Campagna (Col. Pietro Pintor)
261a Batteria Bombarde
VII Battaglione Genio Zappatori
133a Compagnia Genio Telegrafisti

Servizi Divisionali

48a Divisione Territoriale (Ten. Gen. Michele Salazar)

Capo di Stato Maggiore: Col. Luigi Monteleone
Brigata Territoriale *Tevere* (Brig. Gen. Augusto Zilano)
215° Reggimento Fanteria Territoriale (Col. Giuseppe Boschi)
216° Reggimento Fanteria Territoriale (Col. Baldassarre Barsi Sari)
Brigata Territoriale *Aquila* (Brig. Gen. Giuseppe Barbieri)
269° Reggimento Fanteria Territoriale (Col. Carlo Vivenza)
270° Reggimento Fanteria Territoriale (Col. Giusto Levi)
52° Reggimento Artiglieria da Campagna Territoriale (Col. Angelo Marolda)
107a Batteria Bombarde
LXXIII Battaglione Genio Zappatori
14a Compagnia Genio Telegrafisti
Servizi Divisionali

58a Divisione Territoriale (Magg. Gen. Roberto Brussi)

Capo di Stato Maggiore: Col. Lorenzo Balsamo Crivelli
Brigata Territoriale *Piacenza* (Brig. Gen. Augusto Zilano)
111° Reggimento Fanteria Territoriale (Col. Vincenzo Ruocco)
112° Reggimento Fanteria Territoriale (Col. Paolo Zunini)
Brigata Territoriale *Lucca* (Brig. Gen. Pietro Valerio-Papa)
163° Reggimento Fanteria Territoriale (Col. Gaetano Buelli)
164° Reggimento Fanteria Territoriale (Col. Lamberto Silvestri)
14° Reggimento Artiglieria da Campagna (Col. B. Banci)
156a Batteria Bombarde
IX Battaglione Genio Zappatori
138a Compagnia Genio Telegrafisti
Servizi Divisionali

Truppe Suppletive

22° Raggruppamento Artiglieria Pesante Campale (Col. Lodovico Bellini)
43a Compagnia Genio Telegrafisti
48a Compagnia Genio Telegrafisti
Servizi di Corpo d'Armata

XVIII CORPO D'ARMATA (Ten. Gen. Luigi Basso)

Capo di Stato Maggiore: Col. Donato Ruggieri
Comandante d'Artiglieria: Brig. Gen. Augusto Flotteron
Comandante del Genio: Col. Angelo Faciali

1a Divisione di Linea (Magg. Gen. Pio Invrea)

Capo di Stato Maggiore: Ten. Col. Alderigo Redini
Brigata di Linea *Umbria* (Magg. Gen. Carlo Mercalli)
53° Reggimento Fanteria di Linea (Ten. Col. Giuseppe Franchini)
54° Reggimento Fanteria di Linea (Ten. Col. Liberto Barboglio)

Brigata Territoriale *Emilia* (Magg. Gen. Emanuele Del Prà)
119° Reggimento Fanteria Territoriale (Col. Luigi Zoli)
120° Reggimento Fanteria Territoriale (Col. Giovanni Bonino)
25° Reggimento Artiglieria da Campagna Territoriale (Col. Emanuele Vassallo)
401a Batteria Bombarde
XVI Battaglione Genio Zappatori
101a Compagnia Genio Telegrafisti
Servizi Divisionali

10a Divisione di Linea (Ten. Gen. Francesco Gagliani)
Capo di Stato Maggiore: Col. Luigi Negri
Brigata di Linea *Toscana* (Magg. Gen. Carlo Mercalli)
77° Reggimento Fanteria di Linea (Col. Enrico Boscardi)
78° Reggimento Fanteria di Linea (Col. Ernesto Polli)
I Brigata Bersaglieri (Brig. Gen. Giuseppe Cassola)
6° Reggimento Bersaglieri (Col. Ferdinando Po)
VI Battaglione Bersaglieri
XIII Battaglione Bersaglieri
XIX Battaglione Bersaglieri
12° Reggimento Bersaglieri (Col. Roberto Raggio)
XXI Battaglione Bersaglieri
XXIII Battaglione Bersaglieri
XXXVI Battaglione Bersaglieri
56° Reggimento Artiglieria da Campagna Territoriale (Col. Giovanni Hesse)
406a Batteria Bombarde
LXXXVIII Battaglione Genio Zappatori
157a Compagnia Genio Telegrafisti
Servizi Divisionali

56a Divisione Territoriale (Magg. Gen. Alessandro Vigliani)

Capo di Stato Maggiore: Ten. Col. Remo Gambelli
Brigata di Linea *Como* (Brig. Gen. Paolo Tommasini)
23° Reggimento Fanteria di Linea (Col. Zefrido Andreoli)
24° Reggimento Fanteria di Linea (Col. Claudio Di Seyssel d'Aix)
Brigata Territoriale *Ravenna* (Brig. Gen. Balbo Bertone di Sambuy)
37° Reggimento Fanteria Territoriale (Col. Romolo Della Noce)
38° Reggimento Fanteria Territoriale (Col. Nicola Di Giorgio)
13° Reggimento Artiglieria da Campagna (Col. Enrico Pellegrini)
424a Batteria Bombarde
LXXV Battaglione Genio Zappatori
142a Compagnia Genio Telegrafisti
Servizi Divisionali

Truppe Suppletive
16° Raggruppamento Artiglieria Pesante Campale (Col. Angelo Soati)
26a Compagnia Genio Telegrafisti
33a Compagnia Genio Telegrafisti
Servizi di Corpo d'Armata

XXII CORPO D'ARMATA (Ten. Gen. Giuseppe Vaccari)

Capo di Stato Maggiore: Brig. Gen. Ottavio Rolandi Ricci
Comandante d'Artiglieria: Brig. Gen. Achille Bonali
Comandante del Genio: Magg. Gen. Antonio Necco

12a Divisione di Linea (Magg. Gen. Sigismondo Monesi)
Capo di Stato Maggiore: Col. Alessandro Tarditi
Brigata di Linea *Casale* (Brig. Gen. Giustino Fedele)
 11° Reggimento Fanteria di Linea (Col. Giorgio Fabre)
 12° Reggimento Fanteria di Linea (Col. Giuseppe Canzano)
V Brigata Bersaglieri (Brig. Gen. Ambrogio Clerici)
 5° Reggimento Bersaglieri (Col. Giovanni Madon)
  XIV Battaglione Bersaglieri
  XXII Battaglione Bersaglieri
  XXIV Battaglione Bersaglieri
 19° Reggimento Bersaglieri Territoriale (Col. Guglielmo Marelli)
  XLI Battaglione Bersaglieri
  XLII Battaglione Bersaglieri
  XLV Battaglione Bersaglieri
55° Reggimento Artiglieria da Campagna Territoriale (Col. Giulio Vico)
408a Batteria Bombarde
XXIV Battaglione Genio Zappatori
112a Compagnia Genio Telegrafisti
Servizi Divisionali

57a Divisione Territoriale (Magg. Gen. Luigi Cicconetti)

Capo di Stato Maggiore: Col. Giovanni Battista Danise
Brigata di Linea *Pisa* (Col. Ariberto Perrone)
 29° Reggimento Fanteria di Linea (Col. Ettore Petrali)
 30° Reggimento Fanteria di Linea (Col. Casto Sanniti)
Brigata Territoriale *Mantova* (Brig. Gen. Paolo Paolini)
 113° Reggimento Fanteria Territoriale (Col. Attilio Bernasconi)
 114° Reggimento Fanteria Territoriale (Col. Annibale Colli Vignarelli)
3° Reggimento Artiglieria da Campagna (Col. Achille Rossi)
425a Batteria Bombarde
VI Battaglione Genio Zappatori
141a Compagnia Genio Telegrafisti
Servizi Divisionali

60a Divisione Territoriale (Magg. Gen. Pietro Mozzoni)

Capo di Stato Maggiore: Ten. Col. Ferdinando Cona
Brigata di Linea *Piemonte* (Col. Domenico Mogno)
 3° Reggimento Fanteria di Linea (Col. Ettore Pirisi)
 4° Reggimento Fanteria di Linea (Col. Guglielmo Marescotti)
Brigata Territoriale *Porto Maurizio* (Magg. Gen. Cesare Luzzatto)
 253° Reggimento Fanteria Territoriale (Col. Rizzardo Garganico Criffi)
 254° Reggimento Fanteria Territoriale (Col. Natalberto Valtancoli)
30° Reggimento Artiglieria da Campagna Territoriale (Col. Carlo Ginocchio)
427a Batteria Bombarde
LXI Battaglione Genio Zappatori
143a Compagnia Genio Telegrafisti

Servizi Divisionali

1a Divisione d'Assalto (Magg. Gen. Ottavio Zoppi)

Capo di Stato Maggiore: Ten. Col. Mario Campi
I Raggruppamento d'Assalto (Brig. Gen. Oreste De Gaspari)
    1° Gruppo d'Assalto (Col. Napoleone Grillo)
        X Reparto d'Assalto
        XX Reparto d'Assalto
        I Battaglione Bersaglieri
    2° Gruppo d'Assalto (Col. Pietro Anselmi)
        XII Reparto d'Assalto
        XIII Reparto d'Assalto
        VII Battaglione Bersaglieri
    3° Gruppo d'Assalto (Col. Roberto Bertolotti)
        VIII Reparto d'Assalto
        XXII Reparto d'Assalto
        IX Battaglione Bersaglieri
III Battaglione Ciclisti/3° Reggimento Bersaglieri
5° Squadrone/18° Reggimento Cavalleggeri di Piacenza
15a Squadriglia Autoblindomitragliatrici
IX Gruppo Oneglia/3° Reggimento Artiglieria da Montagna
XCI Battaglione Genio Zappatori
Servizi Divisionali

Truppe Suppletive

7° Raggruppamento Artiglieria Pesante Campale (Col. Benedetto Serra)
32a Compagnia Genio Telegrafisti
40a Compagnia Genio Telegrafisti
Servizi di Corpo d'Armata

XXVII CORPO D'ARMATA (Ten. Gen. Antonino Di Giorgio)

Capo di Stato Maggiore: Col. Fabio Scala
Comandante d'Artiglieria: Brig. Gen. Oscar Fano
Comandante del Genio: Col. Mario Carpinteri

2a Divisione di Linea (Magg. Gen. Carlo Filipponi di Mombello)

Capo di Stato Maggiore: Col. Salvatore Pagano
Brigata di Linea *Regina* (Brig. Gen. Clemente Assum)
    9° Reggimento Fanteria di Linea (Col. Iginio Tarchetti)
    10° Reggimento Fanteria di Linea (Col. Quinto Bartolucci)
Brigata di Linea *Livorno* (Brig. Gen. Francesco Gualtieri)
    33° Reggimento Fanteria di Linea (Ten. Col. Guido Torriani)
    34° Reggimento Fanteria di Linea (Col. Pietro Ferrari)
45° Reggimento Artiglieria da Campagna Territoriale (Col. Pietro Nascimbene)
402a Batteria Bombarde
XXVI Battaglione Genio Zappatori
102a Compagnia Genio Telegrafisti

Servizi Divisionali

51a Divisione Territoriale

Capo di Stato Maggiore: Col. Francesco Guidi
Brigata di Linea *Reggio* (Brig. Gen. Attilio Zincone)
    45° Reggimento Fanteria di Linea (Col. Giulio Poggesi)
    46° Reggimento Fanteria di Linea (Col. Bruto Leonardi)
Brigata Territoriale *Campania* (Brig. Gen. Vincenzo Carbone)
    135° Reggimento Territoriale (Ten. Col. Luigi Voghera)
    136° Reggimento Territoriale (Col. Perugino Bartoli)
20° Reggimento Artiglieria da Campagna (Col. Filippo Flaiani)
126a Batteria Bombarde
LIX Battaglione Genio Zappatori
139a Compagnia Genio Telegrafisti
Servizi Divisionali

66a Divisione Territoriale (Magg. Gen. Carmelo Squillace)
Capo di Stato Maggiore: Col. Salvatore Di Pietro
Brigata di Linea *Cuneo* (Brig. Gen. Enrico Lodomez)
    7° Reggimento Fanteria di Linea (Magg. Arturo Galli ad interim)
    8° Reggimento Fanteria di Linea (Col. Federico Schiller)
Brigata di Linea *Messina* (Brig. Gen. Enrico De Bourcard)
    93° Reggimento di Linea (Col. Goffredo Lamponi Leopardi)
    94° Reggimento di Linea (Col. Felica Scaparro)
7° Reggimento Artiglieria da Campagna (Col. Leonida Gennarelli)
136a Batteria Bombarde
LXV Battaglione Genio Zappatori
166a Compagnia Genio Telegrafisti
Servizi Divisionali

Truppe Suppletive

13° Raggruppamento Artiglieria Pesante Campale (Col. Angelo Gianesi)
49a Compagnia Genio Telegrafisti
59a Compagnia Genio Telegrafisti
Servizi di Corpo d'Armata

CORPO D'ARMATA D'ASSALTO (Ten. Gen. Francesco Saverio Grazioli)

Capo di Stato Maggiore: Col. Edoardo Bessone
Comandante d'Artiglieria: Ten. Col. Umberto Berardi
Comandante del Genio: Ten. Col. Luigi Azzariti

2a Divisione d'Assalto (Magg. Gen. Ernesto De Marchi)

Capo di Stato Maggiore: Ten. Col. Lorenzo Dalmazzo
II Raggruppamento d'Assalto (Brig. Gen. Edoardo Bessone)
    4° Gruppo d'Assalto (Col. Enrico Fasulo)
        XIV Reparto d'Assalto
        XXV Reparto d'Assalto

VIII Battaglione Bersaglieri
5° Gruppo d'Assalto (Col. Pasquale Galiani)
I Reparto d'Assalto
V Reparto d'Assalto
XIII Battaglione Bersaglieri
6° Gruppo d'Assalto (Col. Carlo Trivulzio)
VI Reparto d'Assalto
XXX Reparto d'Assalto
XXXIII Battaglione Bersaglieri
XI Battaglione Ciclisti/11° Reggimento Bersaglieri
6° Squadrone/18° Reggimento Cavalleggeri di Piacenza
12a Squadriglia Autoblindomitragliatrici
XII Gruppo Como/3° Reggimento Artiglieria da Montagna
XCII Battaglione Genio Zappatori
Servizi Divisionali

Truppe Suppletive

Gruppo d'Assalto di Marcia
X Reparto d'Assalto di Marcia
XI Reparto d'Assalto di Marcia
Comando III Gruppo Squadroni/18° Reggimento *Cavalleggeri di Piacenza*
XXIV Gruppo Territoriale/3° Reggimento Artiglieria da Montagna
XXIX Gruppo Territoriale/1° Reggimento Artiglieria da Montagna
73a Compagnia Genio Telegrafisti
Servizi di Corpo d'Armata

1a DIVISIONE CAVALLERIA (Magg. Gen. Pietro Filippini)

Capo di Stato Maggiore: Ten. Col. Ferdinando Chiapirone
I Brigata Cavalleria (Brig. Gen. Filippo Solari di Recanati)
13° Reggimento *Cavalleggeri di Monferrato* (Col. Domenico Maggi)
20° Reggimento *Cavalleggeri di Roma* (Col. Camillo Filipponi di Mombello)
II Brigata Cavalleria (Brig. Gen. Giorgio Emo-Capodilista)
4° Reggimento *Genova Cavalleria* (Col. Luigi Celebrini di San Martino)
5° Reggimento *Lancieri di Novara* (Col. Maurizio Marsengo)
I Gruppo Bersaglieri Ciclisti
III Battaglione Ciclisti/3° Reggimento Bersaglieri
IV Battaglione Ciclisti/4° Reggimento Bersaglieri
XII Battaglione Ciclisti/12° Reggimento Bersaglieri
8a Squadriglia Autoblindomitragliatrici
I Gruppo/Reggimento Artiglieria a Cavallo *Le Voloire*
Servizi Divisionali

4a DIVISIONE CAVALLERIA (Magg. Gen. Armando Barattieri di San Pietro)

Capo di Stato Maggiore: Ten. Col. Rodolfo Vietina
VII Brigata Cavalleria (Brig. Gen. Arturo Milanesi)
1° Reggimento *Nizza Cavalleria* (Col. Luigi Tosti)
26° Reggimento *Lancieri di Vercelli* (Col. Luigi Rochis)

VIII Brigata Cavalleria (Brig. Gen. Ettore Varini)
- 19° Reggimento *Cavalleggeri Guide* (Col. Guido Mori Ubaldini)
- 28° Reggimento *Cavalleggeri di Treviso* (Col. Carlo Giubbilei)

3° Gruppo Bersaglieri Ciclisti
- I Battaglione Ciclisti/1° Reggimento Bersaglieri
- VII Battaglione Ciclisti/7° Reggimento Bersaglieri
- VIII Battaglione Ciclisti/8° Reggimento Bersaglieri

3a Compagnia Motomitragliatrici
9a Squadriglia Autoblindomitragliatrici
IV Gruppo/Reggimento Artiglieria a Cavallo Le Voloire
Servizi Divisionali

TRUPPE D'ARMATA

XXVII Reparto d'Assalto
LXXII Reparto d'Assalto
8° Reparto Mitraglieri
1a Compagnia Motomitragliatrici
9° Reggimento *Lancieri di Firenze* (5 squadroni, Col. Paolo Piella)
17° Reggimento *Cavalleggeri di Caserta* (5 squadroni, Col. Adolfo Milani)
3a Squadriglia Autoblindomitragliatrici
6a Squadriglia Autoblindomitragliatrici
11a Squadriglia Autoblindomitragliatrici
13a Squadriglia Autoblindomitragliatrici
43° Raggruppamento Artiglieria da Campagna (Col. Attilio Danese)
48° Raggruppamento Artiglieria da Campagna (Col. Massimo Testafochi)
61° Raggruppamento Artiglieria da Campagna (Col. Roberto Mondini)
62° Raggruppamento Artiglieria da Campagna (Col. Giuseppe Daneo)
4° Raggruppamento Artiglieria da Montagna
V Gruppo Conegliano/2° Reggimento Artiglieria da Montagna
XXVI Gruppo Territoriale/2° Reggimento Artiglieria da Montagna
XXVIII Gruppo Territoriale/2° Reggimento Artiglieria da Montagna
XXXVII Gruppo Territoriale/1° Reggimento Artiglieria da Montagna
XXXIX Gruppo Territoriale/1° Reggimento Artiglieria da Montagna
LXVI Gruppo Territoriale/3° Reggimento Artiglieria da Montagna
1° Raggruppamento Artiglieria Pesante Campale (Col. Giuseppe Fuscaldo)
8° Raggruppamento Artiglieria Pesante Campale (Col. Augusto Govone)
19° Raggruppamento Artiglieria Pesante Campale (Col. Attilio Gentilini)
II Gruppo Cannoni Pesanti Campali
III Gruppo Cannoni Pesanti Campali
XV Gruppo Cannoni Pesanti Campali
XXVI Gruppo Cannoni Pesanti Campali
XXVIII Gruppo Cannoni Pesanti Campali
XXXII Gruppo Cannoni Pesanti Campali
XXXV Gruppo Cannoni Pesanti Campali
XXXIX Gruppo Cannoni Pesanti Campali
XLIII Gruppo Cannoni Pesanti Campali
XLV Gruppo Cannoni Pesanti Campali
L Gruppo Cannoni Pesanti Campali
VI Gruppo Obici Pesanti Campali
VII Gruppo Obici Pesanti Campali

XIII Gruppo Obici Pesanti Campali
XX Gruppo Obici Pesanti Campali
XXVII Gruppo Obici Pesanti Campali
XXXI Gruppo Obici Pesanti Campali
XXXVI Gruppo Obici Pesanti Campali
XXXIX Gruppo Obici Pesanti Campali
XL Gruppo Obici Pesanti Campali
XLI Gruppo Obici Pesanti Campali
XLIII Gruppo Obici Pesanti Campali
XLVI Gruppo Obici Pesanti Campali
XLVIII Gruppo Obici Pesanti Campali
LIII Gruppo Obici Pesanti Campali
LXI Gruppo Obici Pesanti Campali
3° Raggruppamento Artiglieria d'Assedio (Col. Giovanni Battista Dian)
5° Raggruppamento Artiglieria d'Assedio (Col. Francesco Pochy Riano)
12° Raggruppamento Artiglieria d'Assedio (Col. Giulio Carminati)
16° Raggruppamento Artiglieria d'Assedio (Col. Felice Pellei Egisti)
18° Raggruppamento Artiglieria d'Assedio (Col. Francesco Olivero)
23° Raggruppamento Artiglieria d'Assedio (Col. Giovanni Palizzolo)
38° Raggruppamento Artiglieria d'Assedio (Col. Francesco Pierleoni)
44° Raggruppamento Artiglieria d'Assedio (Col. Luigi Arata)
62° Raggruppamento Artiglieria d'Assedio (Col. Luigi Pettazzi)
69° Raggruppamento Artiglieria d'Assedio (Col. Salvatore Tinozzi)
71° Raggruppamento Artiglieria d'Assedio (Col. Ignazio Monastra)
CCXL Gruppo Artiglieria da Posizione
CCXLI Gruppo Artiglieria da Posizione
CCXLII Gruppo Artiglieria da Posizione
CCXLIII Gruppo Artiglieria da Posizione
CCXLIV Gruppo Artiglieria da Posizione
CCXLV Gruppo Artiglieria da Posizione
CCXLVI Gruppo Artiglieria da Posizione
CCXLVII Gruppo Artiglieria da Posizione
CCXLVIII Gruppo Artiglieria da Posizione
II Gruppo Bombarde
XXXIV Gruppo Bombarde
XL Gruppo Bombarde
LII Gruppo Bombarde
CXIII Gruppo Bombarde
CXVII Gruppo Bombarde
CXIX Gruppo Bombarde
CXX Gruppo Bombarde
2° Raggruppamento Artiglieria Controaerei (Col. Giuseppe De Suni)
4° Gruppo Artiglieria Fonotelemetristi
- 1a Sezione Artiglieria Fonotelemetristi
- 5a Sezione Artiglieria Fonotelemetristi
- 10a Sezione Artiglieria Fonotelemetristi
- 14a Sezione Artiglieria Fonotelemetristi
- 18a Sezione Artiglieria Fonotelemetristi

X Battaglione Genio Zappatori
XXXI Battaglione Genio Zappatori
LIII Battaglione Genio Zappatori
LXXIX Battaglione Genio Zappatori

LXXXIII Battaglione Genio Zappatori
II Battaglione Genio Pontieri
IV Battaglione Genio Pontieri
VI Battaglione Genio Pontieri
VIII Battaglione Genio Pontieri
Sezione Genio Fotografica 8a Armata
3a Compagnia Lanciafiamme
XV Gruppo Aeroplani
 78a Squadriglia Caccia (San Luca, 20 *Henriot* HD)
 79a Squadriglia Caccia (San Luca, 16 *Nieuport* 27 e *Henriot* HD)
 115a Squadriglia Ricognizione (San Luca, 7 SAML *Aviatik* e *Pomilio* PE)
 139a Squadriglia Ricognizione (San Luca, 8 *Pomilio* PE)
 IV Sezione Bombardamento-Ricognizione (San Luca, 6 SVA)
XIX Gruppo Aeroplani
 23a Squadriglia Ricognizione (Istrana, 5 SP 3)
 114a Squadriglia Ricognizione (Istrana, 6 SAML *Aviatik*)
 118a Squadriglia Ricognizione (Istrana, 7 SAML *Aviatik*)
 III Sezione/24a Squadriglia Ricognizione (Istrana)
XX Gruppo Aeroplani
VII Gruppo Sezioni Aerostieri
IX Gruppo Sezioni Aerostieri
X Gruppo Sezioni Aerostieri

INTENDENZA D'ARMATA (Brig. Gen. Valentino Bobbio)

10aARMATA BRITANNICA
(Ten. Gen. Frederick Lambart ,Earl of Cavan)

Capo di Stato Maggiore: Brig. Gen. I. F. Gathorne Hardy
Comandante d'Artiglieria: Brig. Gen. T. R. C. Hudson
Comandante del Genio: Brig. Gen. O. S. Wilson

XIV CORPO D'ARMATA BRITANNICO (Ten. Gen. J. M. Babington)

Capo di Stato Maggiore: Brig. Gen. W. W. Pitt Taylor
Comandante d'Artiglieria Campale: Brig. Gen. E. S. Hoare Mairne
Comandante d'Artiglieria Pesante: Brig. Gen. T. R. O. Hudson
Comandante del Genio: Brig. Gen. E. Barnardiston
Quartiermastro Generale: Brig. Gen. O. Ogston

7th Infantry Division (britannica) (Magg. Gen. T. H. Shoubridge)

Capo di Stato Maggiore: Lt. Col. C. N. Hoyard
20th *Infantry Brigade* (Brig. Gen. M. O. R. Green)
 2nd *Btg/ Inf. Rgt. Gordon Highlanders*
 2nd *Btg/ Inf. Rgt. The Borders*
 8th *Btg/ Inf. Rgt. Devonshire*

9th *Btg/ Inf. Rgt. Devonshire*
20th *Mortars Battery*
22a *Infantry Brigade* (Brig. Gen. J. McO. Steele)
1st *Btg/ Inf. Rgt. Royal Welsh Fusiliers*
2nd *Btg/ Inf. Rgt. Royal Warwickshire*
20th *Btg/ Inf. Rgt. Manchester*
2nd *Battery/1st Regiment The Honourable Artillery Company*
22nd *Mortars Battery*
91a *Infantry Brigade*(Brig. Gen. R. T. Pelly)
1st *Btg/ Inf. Rgt. South Staffordshire*
2nd *Btg/ Inf. Rgt. The Queen's*
21th *Btg/ Inf. Rgt. Manchester*
22nd *Btg/ Inf. Rgt. Manchester*
91th *Mortars Battery*
22nd *Field Artillery Brigade* (Magg. H. L. Habell)
Field Artillery Battery A
Field Artillery Battery B
Field Artillery Battery C
Horse Artillery Battery D
35th *Field Artillery Brigade* (Lt. Col. H. F. Oldham)
Field Artillery Battery A
Field Artillery Battery B
Field Artillery Battery C
Horse Artillery Battery D
Mortars Battery X/7th *Field Artillery Rgt.*
Mortars Battery Y/7th *Field Artillery Rgt.*
Pioneer btg, */Inf. Rgt. Manchester*
Servizi Divisionali

23rd Infantry Division (britannica) (Magg. Gen. K. M. Thuillier)

Capo di Stato Maggiore: Lt Col. H. R. Sandilands
68th *Infantry Brigade* (Brig. Gen. V. Cary Barnard)
10th *Btg/ Inf. Rgt. Northumberland Fusiliers*
11th *Btg/ Inf. Rgt.Northumberland Fusiliers*
12th *Btg/ Durham Light InfantryRgt.*
68th *Mortars Battery*
69th *Infantry Brigade* (Brig. Gen. A. B. Beauman)
8th *Btg/ Inf. Rgt. Green Howards*
10th *Btg/ Inf. Rgt. Duke of Wellington's*
11th *Btg/ Inf. Rgt.West Yorkshire*
69th *Mortars Battery*
70th *Infantry Brigade* (Brig. Gen. H. Gordon)
8th *Btg/ King's Own Yorkshire Light Rgt.*
8th *Btg/ Inf. Rgt. Yorkshire & Lancastershire*
9th*Btg/ Inf. Rgt.Yorkshire & Lancastershire*
70*th Mortars Battery*
I Gruppo Squadroni/*Northanants Yeomanry Horse Regiment*
102nd *Artillery Brigade* (Lt. Col. Badham Thornhill)
Field Artillery Battery A
Field Artillery Battery B
Field Artillery Battery C

Horse Artillery Battery D
103rd *Artillery Brigade* (lt. Col. J. Curling)
Field Artillery Battery A
Field Artillery Battery B
Field Artillery Battery C
Horse Artillery Battery D
Mortars Battery X/23rd *Field Artillery Rgt.*
Mortars Battery Y/23rd 23rd *Field Artillery Rgt.*
Pioneer Btg/Staffordshire Inf. Regt.
Servizi Divisionali

Truppe Suppletive

Servizi di Corpo d'Armata

XI CORPO D'ARMATA (Ten. Gen. Giuseppe Paolini)

Capo di Stato Maggiore: Brig. Gen. Annibale Bonomi
Comandante d'Artiglieria: Brig. Gen. Antonio Falcone
Comandante del Genio: Brig. Gen. Oddone Ganassini

23a Divisione Bersaglieri (Ten. Gen. Gustavo Fara)

Capo di Stato Maggiore: Ten. Col. Armando Pratolongo
VI Brigata Bersaglieri (Brig. Gen. Giovanni Deo)
8° Reggimento Bersaglieri (Col. Ugo Conti)
III Battaglione Bersaglieri
V Battaglione Bersaglieri
XII Battaglione Bersaglieri
13° Reggimento Bersaglieri Territoriale (Ten. Col. Luigi Peluso)
LIX Battaglione Bersaglieri
LX Battaglione Bersaglieri
LXII Battaglione Bersaglieri
VII Brigata Bersaglieri (Brig. Gen. Alessandro Pirzio Biroli)
2° Reggimento Bersaglieri (Col. Ernesto Richieri)
XIV Battaglione Bersaglieri
XXII Battaglione Bersaglieri
XXIV Battaglione Bersaglieri
3° Reggimento Bersaglieri Territoriale (Col. Matteo Bernasconi)
XVIII Battaglione Bersaglieri
XX Battaglione Bersaglieri
XXV Battaglione Bersaglieri
40° Reggimento Artiglieria da Campagna Territoriale (Col. Simeoni)
238a Batteria Bombarde
III Battaglione Genio Zappatori
123a Compagnia Genio Telegrafisti
Servizi Divisionali

37a Divisione Territoriale (Magg. Gen. Giovanni Castagnola)

Capo di Stato Maggiore: Col. Ugo Pignetti

Brigata Territoriale *Macerata* (Magg. Gen. Florenzio Tagliaferri)
121° Reggimento Fanteria Territoriale (Col. Alberto Barni)
122° Reggimento Fanteria Territoriale (Col. Diego Pelico)
Brigata Territoriale *Foggia* (Magg. Gen. Raffaele Radini Tedeschi)
280° Reggimento Fanteria Territoriale (Col. Federico Vigna)
281° Reggimento Fanteria Territoriale (Col. Mario Laurenti)
42° Reggimento Artiglieria da Campagna Territoriale (Col. Augusto Morone)
418a Batteria Bombarde
LXX Battaglione Genio Zappatori
137a Compagnia Genio Telegrafisti
Servizi Divisionali

Truppe Suppletive

XI Reparto d'Assalto
1 squadrone/11° Reggimento *Cavalleggeri di Foggia*
2° Raggruppamento Artiglieria Pesante Campale (Col. Lodovico Somiglia)
I Gruppo Bombarde
V Battaglione Genio Pontieri
10a Compagnia Genio Telegrafisti
45a Compagnia Genio Telegrafisti
Servizi di Corpo d'Armata

TRUPPE D'ARMATA

XI Reparto d'Assalto
10a Squadriglia Autoblindomitragliatrici
14a Squadriglia Autoblindomitragliatrici
35° Raggruppamento Artiglieria da Campagna (Col. Giuseppe Sassi)
38° Raggruppamento Artiglieria da Campagna (Col. Alfredo Marsanich)
XXXIX Gruppo Territoriale/1° Reggimento Artiglieria da Montagna
XL Gruppo Territoriale/3° Reggimento Artiglieria da Montagna
XLIV Gruppo Territoriale/1° Reggimento Artiglieria da Montagna
11° Raggruppamento Artiglieria Pesante Campale (Col. Pio Marconi)
12° Raggruppamento Artiglieria Pesante Campale (Col. Alberto Golzio)
I Gruppo Artiglieria Pesante Campale
IV Gruppo Artiglieria Pesante Campale
V Gruppo Artiglieria Pesante Campale
VI Gruppo Artiglieria Pesante Campale
XXII Gruppo Artiglieria Pesante Campale
XXIII Gruppo Artiglieria Pesante Campale
XXIV Gruppo Artiglieria Pesante Campale
XXVIII Gruppo Artiglieria Pesante Campale
XXX Gruppo Artiglieria Pesante Campale
XXXII Gruppo Artiglieria Pesante Campale
XXXIV Gruppo Artiglieria Pesante Campale
XL Gruppo Artiglieria Pesante Campale
XLIV Gruppo Artiglieria Pesante Campale
XLV Gruppo Artiglieria Pesante Campale
LII Gruppo Artiglieria Pesante Campale
17° Raggruppamento Artiglieria d'Assedio (Col. Giuseppe Brandi)

43° Raggruppamento Artiglieria d'Assedio (Col. Roberto Pelli)
70° Raggruppamento Artiglieria d'Assedio (Col. Alfredo Rossi)
2a Sezione Artiglieria Fonotelemetristi
11a Sezione Artiglieria Fonotelemetristi
6a Compagnia Genio Pontieri
18a Compagnia Genio Pontieri
14° Stormo Aereo Britannico
    28° Gruppo Caccia
    34° Gruppo Ricognizione
    39° Gruppo Ricognizione
    66° Gruppo Caccia
28a Squadriglia Aeroplani
III Gruppo Sezioni Aerostati

INTENDENZA D'ARMATA

3a ARMATA

(Ten. Gen. S.A. R. Emanuele Filiberto di Savoia Duca d'Aosta)

Capo di Stato Maggiore: Ten. Gen. Augusto Fabbri
Comandante d'Artiglieria: Magg. Gen. Ettore Giuria
Comandante del Genio: Magg. Gen. Leone Andrea Maggiorotti
Comandante di Aeronautica: Col. Alberto Novellis de Coarazze

XVI CORPO D'ARMATA (Ten. Gen. Vittorio Luigi Alfieri)

Capo di Stato Maggiore: Col. Alfredo Rota
Comandante d'Artiglieria: Magg. Gen. Amedeo Asinari di San Marzano
Comandante del Genio: Brig. Gen. Umberto Pastore

45a Divisione Territoriale (Magg. Gen. Giovanni Breganze)
Capo di Stato Maggiore: Col. Umberto Vitale
Brigata Territoriale *Sesia* (Brig. Gen. Luigi Coppola)
    201° Reggimento Fanteria Territoriale (Magg. Nicola De Stefanis ad interim)
    202° Reggimento Fanteria Territoriale (Col. Alessandro Paselli)
Brigata Territoriale *Cosenza* (Brig. Gen. Ermenegildo Padovin)
    243° Reggimento Fanteria Territoriale (Col. Giovanni Battista Ligasacchi)
    244° Reggimento Fanteria Territoriale (Col. Carlo Del Becchi)
47° Reggimento Artiglieria da Campagna Territoriale (Col. Luigi Sabato)
231a Batteria Bombarde
LXXX Battaglione Genio Zappatori
145a Compagnia Genio Telegrafisti
Servizi Divisionali

54a Divisione Territoriale (Magg. Gen. Ulderico Pajola)
Capo di Stato Maggiore: Ten. Col. Carlo Micheli

Brigata *Granatieri di Sardegna* (Magg. Gen. Gastone Rossi)

(dal 25 Ottobre Col. Brig. Paolo Anfossi)
1° Reggimento Granatieri (Ten. Col. Riccardo Dina)
2° Reggimento Granatieri (Col. Vittorio Villoresi)
Brigata Territoriale *Novara* (Magg. Gen. Carlo Torti)
153° Reggimento Fanteria Territoriale (Col. Ottino Parravicino)
154° Reggimento Fanteria Territoriale (Col. Giuseppe Bruscagli)
6° Reggimento Artiglieria da Campagna (Col. Ugo Mancini)
258a Batteria Bombarde
LXXVII Battaglione Genio Zappatori
154a Compagnia Genio Telegrafisti
Servizi Divisionali

Truppe Suppletive
3° Raggruppamento Artiglieria Pesante Campale (Col. Enrico Pesci)
36a Compagnia Genio Telegrafisti
72a Compagnia Genio Telegrafisti
Servizi di Corpo d'Armata

XXVIII CORPO D'ARMATA (Ten. Gen. Giovanni Croce)

Capo di Stato Maggiore: Col. Adolfo La Corte
Comandante d'Artiglieria: Brig. Gen. Vittorio Buffa di Perrero
Comandante del Genio: Brig. Gen. Luigi Calligari

25a Divisione Territoriale (Ten. Gen. Giulio Latini)

Capo di Stato Maggiore: Col. Alessandro Pino
Brigata di Linea *Ferrara* (Magg. Gen. Ferdinando Spreafico)
47° Reggimento Fanteria di Linea (Ten. Col. Giuseppe Vitali)
48° Reggimento Fanteria di Linea (Col. Ettore Casaretti)
Brigata Territoriale *Avellino* (Col. Brig. Ezio Zanetti)
231° Reggimento Fanteria Territoriale (Ten. Col. Angelo Pau)
232° Reggimento Fanteria Territoriale (Col. Ernesto Taglioni)
8° Reggimento Artiglieria da Campagna (Col. Pietro Riccomanni)
233a Batteria Bombarde
XC Battaglione Genio Zappatori
125a Compagnia Genio Telegrafisti
Servizi Divisionali

53a Divisione Territoriale (Magg. Gen. Emanuele Del Prà)

Capo di Stato Maggiore: Col. Enrico Perlingieri
Brigata Territoriale *Jonio* (Magg. Gen. Gianni Metello)
221° Reggimento Territoriale (Col. Alberto Vercillo)
222° Reggimento Territoriale (Col. Sebastiano Costa)
Brigata Territoriale *Potenza* (Brig. Gen. Emilio Giampietro)
271° Reggimento Fanteria Territoriale (Col. Luigi Ardigò)
272° Reggimento Fanteria Territoriale (Col. Giulio Fantoni)
17° Reggimento Artiglieria da Campagna (Col. Luigi Bregoli)
239a Batteria Bombarde
LVIII Battaglione Genio Zappatori

153a Compagnia Genio Telegrafisti
Servizi Divisionali

Truppe Suppletive

21° Raggruppamento Artiglieria Pesante Campale (Col. Arrigo Verdiani)
55a Compagnia Genio Telegrafisti
62a Compagnia Genio Telegrafisti
Servizi di Corpo d'Armata

TRUPPE D'ARMATA

Reggimento di Marina *San Marco* (C. V. Giuseppe Sirianni)
- Battaglione di Marina *Andrea Bafile*
- Battaglione di Marina *Grado*
- Battaglione di Marina *Caorle*
- Battaglione di Marina Golametto

332nd *US Infantry Regiment* (Col. William Wallace)
XV Reparto d'Assalto
XXVI Reparto d'Assalto
XXVIII Reparto d'Assalto
VII Battaglione Guardia di Finanza
VIII Battaglione Guardia di Finanza
XX Battaglione Guardia di Finanza
CCXCIX Battaglione Territoriale Costiero
30a Compagnia autonoma
3° Reparto Mitraglieri
2° Reggimento *Piemonte Reale* Cavalleria (5 squadroni, Col. Pio Angelini)
11° Reggimento *Cavalleggeri di Foggia* (4 squadroni, Col. Calisto Gazelli di Rossana)
27° Reggimento *Cavalleggeri di Aquila* (4 squadroni, Col. Francesco Devoto)
37° Reggimento Artiglieria da Campagna Territoriale (Col. Alfredo Cannoniere)
51° Reggimento Artiglieria da Campagna Territoriale (Col. Ferdinando Guanciale)
Raggruppamento Artiglieria di Marina (C. V. Foschini)
31° Raggruppamento Artiglieria d'Assedio (Col. Guniforte Re)
33° Raggruppamento Artiglieria d'Assedio (Col. Gustavo Fassini)
36° Raggruppamento Artiglieria d'Assedio (Col. Angelo Gavazzeni)
51° Raggruppamento Artiglieria d'Assedio (Col. Antonino Grimaldi)
XXXI Gruppo Bombarde
CVIII Gruppo Bombarde
CIX Gruppo Bombarde
3° Raggruppamento Artiglieria Controaerei (Col. Gaetano Calleri)
II Gruppo Artiglieria Fonotelemetristi
- 6a Sezione Artiglieria Fonotelemetristi
- 9a Sezione Artiglieria Fonotelemetristi
- 15a Sezione Artiglieria Fonotelemetristi

III Battaglione Genio Pontieri (Ten. Col. Enrico Visetti)
I Gruppo Aeroplani
- 62a Squadriglia Ricognizione (Marcon, 4 SP 4 e *Pomilio* PE)
- 117a Squadriglia Ricognizione (Fossalunga, 7 *Pomilio* PE)
- 131a Squadriglia Ricognizione (Marcon, 10 *Pomilio* PE)

I Sezione/24a Squadriglia Ricognizione (Marcon)
V Sezione Bombardamento-Ricognizione (Fossalunga, 7 SVA)
V Gruppo Aeroplani
28a Squadriglia Ricognizione (Marcon, 4 SIA 7 B)
38a Squadriglia Ricognizione (Malcontenta, 6 SIA 7 B)
39a Squadriglia Ricognizione (Malcontenta, 11 SAML Aviatik)
XVIII Gruppo Aeroplani
I Raggruppamento Aerostieri (Ten. Col. Emilio Viani)
7a Compagnia Servizi *Decauville*
8a Compagnia Servizi *Decauville*

INTENDENZA D'ARMATA (Brig. Gen. Vittorio Ottolenghi)

9a ARMATA di RISERVA (Ten. Gen. Paolo Morrone)

Capo di Stato Maggiore: Magg. Gen. Giuseppe Malladra
Comandante d'Artiglieria: Magg. Gen. Guido Mori
Comandante del Genio: Ten. Gen. Giovanni Moneta

XIV CORPO D'ARMATA (Ten. Gen. Pier Luigi Sagramoso)

Capo di Stato Maggiore: Col. Augusto Grassi
Comandante d'Artiglieria: Brig. Gen. Umberto Perobelli
Comandante del Genio: Magg. Gen. Alfredo Giannuzzi Savelli

9a Divisione di Linea (Magg. Gen. Francesco Bertolini)

Capo di Stato Maggiore: Ten. Col. Luigi Casoni
Brigata Territoriale *Catanzaro* (Brig. Gen. Augusto Ragusin)
141° Reggimento Fanteria Territoriale (Col. Luigi Munini)
142° Reggimento Fanteria Territoriale (Col. Achille Sirchia)
II Brigata Bersaglieri (Brig. Gen. Felice Coralli)
7° Reggimento Bersaglieri (Col. Maddaleno Marenco)
VIII Battaglione Bersaglieri
X Battaglione Bersaglieri
XI Battaglione Bersaglieri
11° Reggimento Bersaglieri Territoriale (Col. Gino Graziani)
VXVII Battaglione Bersaglieri
XXXIII Battaglione Bersaglieri
XXXIX Battaglione Bersaglieri Territoriale
5° Reggimento Artiglieria da Campagna Territoriale (Col. Annibale Arzani)
405a Batteria Bombarde
LXXXIII Battaglione Genio Zappatori
138a Compagnia Genio Telegrafisti
Servizi Divisionali

34a Divisione Territoriale (Magg. Gen. Cesare Parigi)

Capo di Stato Maggiore: Ten. Col. Carlo Geloso
Brigata di Linea *Venezia* (Brig. Gen. Raffaele Rechini)

83° Reggimento Fanteria di Linea (Col. Mario Cravosio)
84° Reggimento Fanteria di Linea (Col. Augusto Vacani)
Brigata di Linea *Friuli* (Col. Carlo Giordana)
87° Reggimento Fanteria di Linea (Ten. Col. Tommaso Francavilla)
88° Reggimento Fanteria di Linea (Col. Innocenzo Ferraris)
18° Reggimento Artiglieria da Campagna (Col. Tullio Bellacchi)
3a Batteria Bombarde
I Battaglione Genio Zappatori
134a Compagnia Genio Telegrafisti
Servizi Divisionali

Truppe Suppletive

14° Raggruppamento Artiglieria Pesante Campale (Col. Rutilio De Marchi)
2a Compagnia Genio Telegrafisti
17a Compagnia Genio Telegrafisti
Servizi di Corpo d'Armata

XXIII CORPO D'ARMATA (Ten. Gen. Carlo Petitti di Roreto)

Capo di Stato Maggiore: Col. Gino Invernizzi
Comandante d'Artiglieria: Magg. Gen. Francesco Camicia
Comandante del Genio: Brig. Gen. Carlo Barberis

61a Divisione Territoriale (Magg. Gen. Vincenzo Di Benedetto)

Capo di Stato Maggiore: Col. Giuseppe Grixoni
Brigata Territoriale *Catania* (Brig. Gen. Angelo Martinengo di Villagana)
145° Reggimento Territoriale (Col. Federico Bianchi)
146° Reggimento Territoriale (Col. Carlo Cavicchi)
Brigata Territoriale *Arezzo* (Magg. Gen. R. Bonaini da Cignano)
225° Reggimento Fanteria Territoriale (Col. Gabriele Vallo)
226° Reggimento Fanteria Territoriale (Ten. Col. Arturo Sandon)
34° Reggimento Artiglieria da Campagna Territoriale (Col. Guglielmo Gabrielli)
232a Batteria Bombarde
XXXIII Battaglione Genio Zappatori
158a Compagnia Genio Telegrafisti
Servizi Divisionali

6ª DIVISIONE FANTERIA CECO- SLOVACCA (Magg. Gen. Luigi Piccione)

Capo di Stato Maggiore: Ten. Col. Enrico Vitalini
XI Brigata Fanteria (Brig. Gen. Raffaele De Vita)
31° Reggimento Fanteria (Col. Luigi Ciaffi)
32° Reggimento Fanteria (Col. Amedeo Couture)
XII Brigata Fanteria (Brig. Gen. Pietro Cajo)
33° Reggimento Fanteria (Col. Luigi Ciaffi)
34° Reggimento Fanteria (Col. Amedeo Couture)
8° Raggruppamento Artiglieria Pesante Campale (Col. Augusto Govone)
129a Batteria Bombarde
18a Compagnia Genio Telegrafisti

60a Compagnia Genio Telegrafisti
Servizi Divisionali

Truppe Suppletive

Servizi di Corpo d'Armata

TRUPPE D'ARMATA

18° Gruppo Alpini (Col. Luigi Chicco)
Battaglione *Ivrea*/4° Reggimento Alpini
Battaglione Territoriale *Monte Adamello*/5° Reggimento Alpini
Battaglione Territoriale *Val Chiese* /° Reggimento Alpini
XXII Gruppo Territoriale/1° Reggimento Artiglieria da Montagna

INTENDENZA D'ARMATA (Col. Francesco Foschini)

RISERVA DELL'ALTO COMANDO

27a DIVISIONE TERRITORIALE (Ten. Gen. Giuseppe Cassinis)

Capo di Stato Maggiore: Ten. Col. Gabriele Tumino
Brigata di Linea *Marche* (Brig. Gen. Camillo Lefevre)
55° Reggimento Fanteria di Linea (Col. Carlo Manzoni)
56° Reggimento Fanteria di Linea (Ten. Col. Oreste Pozzi)
Brigata Territoriale *Taro* (Magg. Gen. Augusto Testoni)
207° Reggimento Fanteria Territoriale (Col. Luigi Spallicci)
208° Reggimento Fanteria Territoriale (Col. Alberto Ruggieri)
29° Reggimento Artiglieria da Campagna Territoriale (Col. Giuseppe Arzani)
414a Batteria Bombarde
XXIX Battaglione Genio Zappatori
127a Compagnia Genio Telegrafisti
Servizi Divisionali

COMANDO GENERALE DI CAVALLERIA
(Ten. Gen. S.A.R. Vittorio Emanuele di Savoia-Aosta Conte di Torino)

Capo di Stato Maggiore: Magg. Gen. Giovanni Romei

2a Divisione Cavalleria (Ten. Gen. Vittorio Litta Modignani)
Capo di Stato Maggiore: Ten. Col. Giovanni Mascaretti
III Brigata Cavalleria (Brig. Gen. Luigi Ajroldi di Robbiate)
7° Reggimento *Lancieri di Milano* (Col. Ulrico Pastore)
10° Reggimento *Lancieri di Vittorio Emanuele II° (*Col. Pietro Panicali)
IV Brigata Cavalleria (Brig. Gen. Arnaldo Filippini)
6° Reggimento *Lancieri di Aosta* (Col. Arnaldo De Ruggero)
25° Reggimento *Lancieri di Mantova* (Col. Annibale Avogadro di Collobiano)
VII Battaglione Ciclisti/7° Reggimento Bersaglieri
7a Squadriglia Autoblindomitragliatrici
II Gruppo/Reggimento Artiglieria a Cavallo *Le Voloire*

Servizi Divisionali

3a Divisione Cavalleria d (Ten. Gen. Carlo Guicciardi di Cervarolo)

Capo di Stato Maggiore: Ten. Col. Carlo Briolo
V Brigata Cavalleria (Brig. Gen. Lionello Paveri Fontana)
12° Reggimento *Cavalleggeri di Saluzzo* (Col. Enrico Sarlo)
24° Reggimento *Cavalleggeri di Vicenza* (Col. Felice Pasetti)
VI Brigata Cavalleria (Brig. Gen. Gustavo Berardi)
3° Reggimento *Savoia Cavalleria* (Col. Amedeo Marchino)
8° Reggimento *Lancieri di Montebello* (Col. Augusto Tavani)
1a Squadriglia Autoblindomitragliatrici
III Gruppo/Reggimento Artiglieria a Cavallo *Le Voloire*
Servizi Divisionali

A DISPOSIZIONE DEL COMANDO SUPREMO

Battaglione Carabinieri Reali del Comando Supremo
Squadrone Carabinieri Reali a Cavallo del Comando Supremo
5° Raggruppamento Artiglieria Controaerei (Col. Alberto Terziani)
V Battaglione Genio Pontieri (Ten. Col. Gino Pedrini)
7a Compagnia Genio Telegrafisti
Sezione Genio Radiotelegrafisti Comando Supremo
Sezione Genio Goniometristi Comando Supremo
Sezione Genio Fotografica Comando Supremo
Colonna Autonoma Gas
Raggruppamento Aeroplani da Bombardamento (Col. Ernesto Lapolla)
IV Gruppo Bombardamento Pesante
1a Squadriglia Bombardamento Pesante (San Pelagio, 6 CA 450)
5a Squadriglia Bombardamento Pesante (San Pelagio, 4 CA 450)
8a Squadriglia Bombardamento Pesante (San Pelagio, 5 CA 450)
13a Squadriglia Bombardamento Pesante (San Pelagio, 3 CA 450)
87a Squadriglia Caccia (San Pelagio, 17 SVA)
XIII Gruppo Bombardamento Pesante
4a Squadriglia Bombardamento Pesante (Ca' degli Oppi, 7 CA 450)
6a Squadriglia Bombardamento Pesante (Ca' degli Oppi, 5 CA 450)
181a Squadriglia (Ghedi, 8 CA 42)
XVI Gruppo Bombardamento Pesante
2a Squadriglia Bombardamento Pesante (Padova, 3 CA 450)
7a Squadriglia Bombardamento Pesante (Padova, 5 CA 450)
9a Squadriglia Bombardamento Pesante (Padova, 4 CA 450)
10a Squadriglia Bombardamento Pesante (Padova, 4 CA 450)
Raggruppamento Aeroplani da Caccia (Col. Ruggero Piccio)
X Gruppo Aereo
70a Squadriglia Caccia (Gazzo, 18 *Henriot* HD)
82a Squadriglia Caccia (Gazzo, 21 *Henriot* HD)
91a Squadriglia Caccia (Quinto di Treviso, 17 SPAD XIII)
Gruppo Dirigibili
Dirigibile M 1
Dirigibile P 1
Dirigibile P 2
Dirigibile P 3

Dirigibile P 5
X Gruppo Sezioni Aerostieri
XI Gruppo Sezioni Aerostieri
XIV Gruppo Sezioni Aerostieri
XVIII Gruppo Sezioni Aerostieri
XXII Gruppo Sezioni Aerostieri
1 sezione aerostieri da campo

A DISPOSIZIONE DEL COMANDO GENERALE DI ARTIGLIERIA
3° Raggruppamento Artiglieria da Montagna
LV Gruppo Territoriale/3° Reggimento Artiglieria da Montagna
23° Raggruppamento Artiglieria Pesante Campale
24° Raggruppamento Artiglieria Pesante Campale (Col. Guido Mina)
25° Raggruppamento Artiglieria Pesante Campale

A DISPOSIZIONE DEL COMANDO GENERALE DEL GENIO
328a Compagnia Genio Guastatori Territoriale
15a Compagnia Genio Minatori
23a Compagnia Genio Minatori
35a Compagnia Genio Minatori
Compagnia Genio Manovratori Idraulici
67a Compagnia Genio Telegrafisti

INTENDENZA DEI CORPI A DISPOSIZIONE (Col. Francesco Foschini)

Austriaci e tedeschi sconfitti
(da *La Tradotta*, *Giornale della 3ª Armata*, 1918)

CRONOLOGIA DI UN ANNO DI GUERRA, 1917- 1918: DA CAPORETTO ALLA VITTORIA.

24-25 Ottobre 1917

Offensiva austro- tedesca nella zona Conca di Plezzo- Tolmino; viene sfondato il fronte della 2a Armata (gen. Capello); inizia la ritirata italiana dall'Isonzo, dal Carso e dalla Zona Carnia.

28 Ottobre

I tedeschi occupano Udine.

30 Ottobre

Scontri tra la cavalleria italiana e gli austriaci a Pozzuolo del Friuli. Prosegue l'avanzata austro- tedesca.

31 Ottobre

Linea difensiva italiana sul Tagliamento.
Continua la ritirata. Il brillamento intempestivo dei ponti isola migliaia di soldati italiani che vengono presi prigionieri dagli austro- tedeschi.

5 Ottobre

Gli italiani stabiliscono una linea difensiva temporanea sulla Livenza, mentre vengono allestite le linee di resistenza sul Piave.

30 Ottobre

Arrivano in Italia le prime truppe franco- britanniche; non entreranno in linea che a fine Novembre gli inglesi ed a Dicembre i francesi.

7- 10 Novembre

Ritirata italiana sul Piave.

2 Novembre

La XIV armata del generale von Below saggia le difese italiane sul Tagliamento. Nella notte truppe bosniache cominciano la traversata del fiume a Cornino.

4 Novembre

Si allarga la breccia creata dai tedeschi a Cornino.
Cadorna il ripiegamento sul Piave.

5 Novembre

Gli austriaci occupano Cortina. Battaglia sulle Prealpi carniche contro le tre divisioni italiane della Carnia. In pianura i tedeschi occupano Casarsa.

6 Novembre.

Viene occupata Pordenone. Il grosso della 3a Armata è oltre il Piave e organizza la difesa.
Si apre a Rapallo la conferenza con i primi ministri Orlando, Painlevé e Lloyd George per pianificare l'intervento alleato in Italia.

7- 10 Novembre

Ritirata italiana sul Piave.

9 Novembre

Convegni interalleati a Rapallo e Peschiera: gli alleati chiedono le dimissioni di Cadorna e propongono di arretrare il fronte fino al Mincio.
Cadorna viene sostituito da Diaz come Capo di Stato Maggiore.
I genieri italiani fanno saltare i ponti sul Piave. Gli austro-tedeschi occupano Conegliano.
Le loro avanguardie raggiungono il Piave.

10- 26 Novembre

Prima battaglia del Piave (battaglia d'arresto).

10- 14 Novembre

Gli austriaci cercano di superare il Piave, ma vengono respinti, pur mantenendo una testa di ponte nell'ansa di Zenson ed una a Capo Sile.

12 Novembre

Attacchi austriaci sugli altipiani vengono respinti dagli italiani.

16 Novembre

Le corazzate *Wien* e Budapest appoggiano le operazioni sul Basso Piave, ma rientrano a Trieste all'avvicinarsi dei MAS di Costanzo Ciano usciti da Venezia.

26 Novembre

Gli austriaci cessano gli attacchi contro la nuova linea italiana.

29 Novembre

Ludendorff decide il ritiro delle truppe tedesche dal fronte italiano.

12 Dicembre

Carlo I d'Asburgo indirizza al papa ed alle potenze neutrali un messaggio in cui si dice pronto ad iniziare negoziati di pace.

13 Dicembre

Vittorio Emanuele Orlando, Presidente del Consiglio, dichiara davanti alla Camera che prima di accettare le proposte di pace austriache *l'Italia si ritirerebbe fino alla Sicilia.*

14 Dicembre

L'11.*Armèe* austriaca inizia la seconda fase della battaglia attaccando le Melette con una forza formata da 43 battaglioni di fanteria e cinquecento bocche da fuoco, impadronendosene.
Le difese italiane ripiegano sulla linea Col d'Echele- Col del Rosso- Monte Valbella.
Sul Grappa la 14. *Armèe* tedesca riprende l'offensiva catturando dopo una feroce lotta Col della Berretta, Col CAprile, Monte Asolone e lo Spinoncia.
Gli austro- tedeschi non riescono però a sfondare.

17 Dicembre

Il MAS di Luigi Rizzo dopo esser penetrato nel porto di Trieste affonda la corazzata *Wien.*

19 Dicembre

Nuovi attacchi sul Grappa sono respinti dagli italiani.

30 Dicembre

Gli *Chasseurs des Alpes* della 47a divisione francese occupano la dorsale tra Monte Tomba ed il Monfenera.

31 Dicembre

La 3a Armata riconquista la testa di ponte dell'ansa di Zenson.

1918

28- 30 Gennaio

Riconquista italiana dei Tre Monti.

21 Marzo

In Piccardia inizia l'operazione *Michael.* I tedeschi travolgono e mettono in rotta la V Armata britannica.

4- 5 Aprile

Fallito colpo di mano della Marina Imperiale austro- ungarica contro il porto di Ancona.

8- 10 Aprile

A Roma si tiene il congresso delle nazionalità “oppresse“ dell'impero austriaco.

12- 14 Maggio

A Spa viene decisa l'offensiva contro l'Italia.

26 Maggio

Gli italiani attaccano la testa di ponte austriaca di Caposile.

9 Giugno

La squadra navale austriaca al comando dell'ammiraglio Miklos Hòrthy muove verso il basso Adriatico per bombardare Otranto ed ingaggiare la Regia Marina.

10 Giugno

I MAS di Rizzo e Aonzo intercettano la squadra navale austriaca. Rizzo affonda la corazzata *Szent Istvan* mentre Aonzo attacca la *Viribus Unitis*.
La squadra navale di Hòrty rientra a Pola.

12 Giugno

Bombardamenti di artiglieria austriaci nel settore del Tonale.

13 Giugno

Operazione *Lawine*. Cima Cady viene prima presa e poi abbandonata dagli austriaci. L'offensiva fallisce già in serata.

15 Giugno- 26 Giugno

Seconda battaglia del Piave (Battaglia del Solstizio) .

15 Giugno

Gli austriaci conquistano il Corno di Cavento.
Inizio delle operazioni *Radetzky* e *Albrecht*. Successi iniziali austriaci nel settore franco-britannico del Grappa; avanzata nel settore del IX Corpo d'Armata, fermata dall'artiglieria italiana e dall'intervento del IX reparto d'assalto che riconquista le posizioni perdute.
A sera l'azione austriaca sul Grappa può dirsi fallita.
Successi austriaci sul Montello e sul basso Piave.
I tentativi di creare teste di ponte alle Grave di Papadopoli falliscono.

16 Giugno

Contrattacchi italiani sugli Altipiani.
Sul Montello i tentativi italiani di controffensiva non portano ad alcun risultato; nella serata gli austro- ungarici guadagnano ulteriore terreno lungo il Piave in corrispondenza delle Grave di Ciano.
Gli italiani riprendono temporaneamente Fagarè e Bocca di Callalto, ma debbono evacuarli in seguito a violenti contrattacchi imperiali.
Nuova testa di ponte imperiale a Capo Sile.
Gli austriaci riescono a gettare nuove passerelle.

17 Giugno

Il Piave è in piena. Nel pomeriggio riprende l'azione offensiva sul Montello tra Giavera e Nervesa.
Sul Piave contrattacchi italiani urtano contro quelli austriaci, tendenti a congiungere tra loro le teste di ponte di San Donà e di Zenson; i Corpi d'Armata imperiali VII ed il XXIII si ricongiungono presso Fossalta.
Puntate offensive austriache verso Monastier.

18 Giugno

Ponti e passerelle austriaci vengono travolti dalla piena del Piave.
Sul Montello le puntate offensive austriache si susseguono tutto il giorno.
Nuovi combattimenti intorno al caposaldo di Candelù; la linea italiana arretra presso Saletto e San Bartolomeo; nel settore del XXVIII Corpo d'Armata italiano nel tardo pomeriggio azione controffensiva della Ia Divisione d'Assalto, che pur non riuscendo a spezzare i collegamenti tra le due teste di ponte riconquista terreno.

19 Giugno

Inizio della controffensiva dell'8a Armata sul Montello, senza che si riescano a conseguire risultati di grosso rilievo.
Viene abbattuto presso l'abbazia di Nervesa il maggiore Francesco Baracca.

Sugli Altipiani gli italiani conquistano il ridotto di Costalunga.

20 Giugno

A sera Carlo I ordina il ripiegamento oltre il Piave.

21 Giugno

Gli austriaci iniziano nottetempo il ripiegamento oltre il Piave.
Stasi delle operazioni nel settore del Montello.
Ordine di sospendere le azioni controffensive italiane sul Piave, tranne che tra Casa Martini e Molino Nuovo.

22 Giugno

Prosegue il ripiegamento austro- ungarico.
Stasi delle operazioni nel settore del Montello, tranne il violento fuoco dell'artiglieria italiana.
Gli italiani occupano Casa Martini; nel settore di Capo d'Argine violenti scontri tra le brigate *Sassari* e *Bisagno* e gli austriaci della 15a *Schützen*.

23 Giugno

Gli italiani rioccupano tutto il Montello e il Basso Piave, dove le truppe della 3a Armata incalzano il XXIII *Armèekorps* imperiale in ritirata.
Reparti della 3a Armata raggiungono il Piave tra Zenson e Candelù.
Il generale Pennella viene sostituito al comando dell'8a Armata dal generale Caviglia.

24 Giugno

Durissimi scontri presso Musile, Chiusaforte e Paludello.
Gli italiani riconquistano la testa di ponte di Capo Sile.

26 Giugno

Proclama del re Vittorio Emanuele III alla Nazione, in cui si annuncia la vittoria.
Giunge sul fronte del Piave la brigata *Granatieri di Sardegna* in vista dell'offensiva contro il XXIII Corpo imperiale (*Orientkorps*) attestato sul delta del Piave.

29 Giugno

Gli italiani iniziano la riconquista dei Tre Monti. Viene conquistato il Monte Val Bella.

30 Giugno

Nel settore dei Tre Monti vengono conquistati dagli italiani Col del Rosso e Col d'Echele.

1- 6 Luglio

Offensiva italiana alle foci del Piave.

4 Luglio

Occupazione italiana delle Porte di Salton e del Roccolo di Casa Tasson.

6 Luglio

Granatieri e fanti di marina si ricongiungono a Palazzo Bressanin.
La linea italiana si stabilisce sul Piave Nuovo.
A Vienna Carlo I esonera il Feldmaresciallo Conrad von Hötzendorf dal comando delle Armate del Tirolo sostituendolo con l'Arciduca Giuseppe d'Asburgo- Lorena.

12 Luglio

Inizio di una serie di azioni locali eseguite dal IX Corpo d'Armata ristabilisce l'occupazione italiana della regione a nord ovest del Monte Grappa, dal fondo della Val San Lorenzo alle Rocce Anzini, ai margini della Val Brenta.

19 Luglio

Il battaglione alpino *Val Baltea* ed il III reparto d'assalto riconquistano il Corno di Cavento.

9 Agosto

Volo su Vienna della squadriglia *Serenissima* comandata da Gabriele D'Annunzio.

29 Settembre

Armistizio di Salonicco tra la Bulgaria e gli Alleati.

24 Ottobre- 4 Novembre

Terza battaglia del Piave (Battaglia di Vittorio Veneto).

24 Ottobre

Inizio dell'offensiva italiana. Alle 3 del mattino la 4ª Armata attacca nel settore del Grappa. Duri combattimenti sul monte Pertica, sul Solarolo e sul Valderoa.

25 Ottobre

Proseguono i combattimenti nel settore del Grappa, sui monte Asolone, Spinoncia e Perica.

26 Ottobre

La 10ª Armata passa il Piave alle Grave di Papadopoli creando una testa di ponte.
Gli arditi della 1ª Divisione d'Assalto restano isolati per la distruzione dei ponti.

27 Ottobre

Gli arditi respingono i contrattacchi austriavi nella piana di Sernaia.
Gli italiani del XVIII Corpo d'Armata passano il Piave.

28 Ottobre

Migliorano le condizioni del tempo.
Caviglia espande la testa di ponte sulla riva orientale del Piave.
Ammutinamenti delle truppe imperiali.
A Pola il grosso degli equipaggi della Imperial- Regia Marina da Guerra austriaca, circa 15.000 uomini, è in rivolta.
L'Austria chiede un armistizio al Regno d'Italia.

29 Ottobre

L'VIII° Corpo d'Armata aggancia e sconfigge gli austriaci, raggiungendo Vittorio Veneto.
Anche la 12a Armata (Graziani) amplia le proprie teste di ponte oltre Piave.
Il Comando austriaco ordina l'arretramento sulle posizioni di resistenza. L'offensiva italiana impedisce l'attuazione della manovra.
Iniziano gli ammutinamenti di reparti imperiali: 11 battaglioni si rifiutano di entrare in linea.
A Trieste ed a Fiume irredentisti issano la bandiera tricolore.
Il governatore ungherese di Fiume, Zoltan Jekel-Falussy, rassegna i poteri al podestà avvocato Antonio Vio lascia la città.
Nel salone grande della Filarmonica l'assemblea pubblica convocata dal podestà Vio ha insediato il Consiglio Nazionale Italiano di Fiume assumendo pubblici poteri secondo il diritto all'autodecisione dei popoli. La città, il porto e il distretto di Fiume sono dichiarati Stato indipendente dal regno d'Ungheria.

30 Ottobre.

La 52ª divisione alpina conquista il monte Cesen.
L'8ª Armata italiana inizia una vasta manovra di accerchiamento dell'esercito austriaco sulle Prealpi bellunesi. Più a sud si muove anche la 3a Armata. Il numero dei prigionieri austriaci supera i 50.000.
Il deputato Andrea Ossoinak proclama nel parlamento di Budapest l'annessione di Fume all'Italia.
Il Consiglio nazionale slovacco proclama il diritto all'autodeterminazione e si unisce ai cechi nel neo costituito Stato cecoslovacco .
La Turchia firma l'armistizio con le potenze alleate.

31 Ottobre

Le divisioni di cavalleria italiane raggiungono il Tagliamento.
il Gruppo *Belluno*, minacciato d'aggiramento dalla 12a e dall'8ª Armata, abbandona il Grappa, lasciandosi alle spalle quasi 1.000 cannoni. La 4a Armata avanza.
Gli arditi *Fiamme Verdi* del tenente Italo Balbo entrano a Feltre nel pomeriggio.
Vienna e Budapest sono in rivolta. Nella capitale magiara le Guardie rosse uccidono l'ex primo ministro e capo del Partito liberale ungherese István Tisza .
Ammutinamenti nella Flotta d'Alto Mare germanica.

1 Novembre

Gli italiani avanzano ovunque; si combatte nel settore dell'altipiano di Asiago e in Val Sugana.
Una *mignatta* italiana guidata dal maggiore G. N. Rossetti e dal capitano medico Paolucci penetra nel porto di Pola, affondando la corazzata *Viribus Unitis*, ammiraglia della flotta imperiale, ed il piroscafo *Wien* sulle quali era stata la bandiera jugoslava.

2 Novembre

Continua l'avanzata italiana.
Entra in azione la 7ª Armata, che attacca i passi dello Stelvio e del Tonale. In serata arditi e alpini occupano Rovereto.
Il governo ungherese ordina all'*Honvédség* di deporre le armi.

3 Novembre

Le truppe italiane occupano Trento e Trieste. Alle 15.15 *iCavalleggieri di Alessandria,* un reparto di arditi, gli alpini e gli artiglieri entrano a Trento.
Alle 16.30 nave *Audace* approda al molo S. Carlo a Trieste; sbarcan il gen. Petitti di Roreto con due battaglioni Bersaglieri.
Il *Savoia Cavalleria* libera Udine.
Alle ore 18.00 nella villa Giusti presso Padova viene firmato l'armistizio tra Austria ed Italia.

4 Novembre

Alle 15.00 entra in vigore l'armistizio tra Italia ed Austria. Sino al momento dell'armistizio sono stati catturati oltre 300.000 prigionieri austriaci.
Sommosse pacifiste e filobolsceviche in Germania.

7 Novembre

Truppe bavaresi del II. *Armèekorps* entrano in Austria occupando il passo del Brennero e Bressanone.

9 Novembre

Abdicazione di Guglielmo II da Imperatore di Germania e Re di Prussia.

11 Novembre

Gli italiani con la brigata *Valtellina* occupano il Brennero costringendo alla ritirata le truppe bavaresi del II *Armèekorps*, ed avanzano su Innsbruck. La 55a divisione italiana occupa il passo di Toblak.
La Germania firma l'armistizio con gli Alleati.
Alle 11 finisce la Ia Guerra Mondiale
Carlo I d'Asburgo abdica dal trono imperiale austriaco.

13 Novembre

Carlo I abdica anche dal trono ungherese.

17 Novembre

I Granatieri di Sardegna entrano a Fiume tra l'entusiasmo della popolazione italiana.

ILLUSTRAZIONI.

Il Capo di Stato Maggiore Generale del Regio Esercito, Tenente Generale Armando Diaz.

Il *Generalfeldmarschall* Svetozar Boroević von Bojna nel 1916.

Luigi Cadorna con Armando Diaz ed altri ufficiali superiori. A sinistra il generale Niccolis di Robilant.

Il Monte Grappa

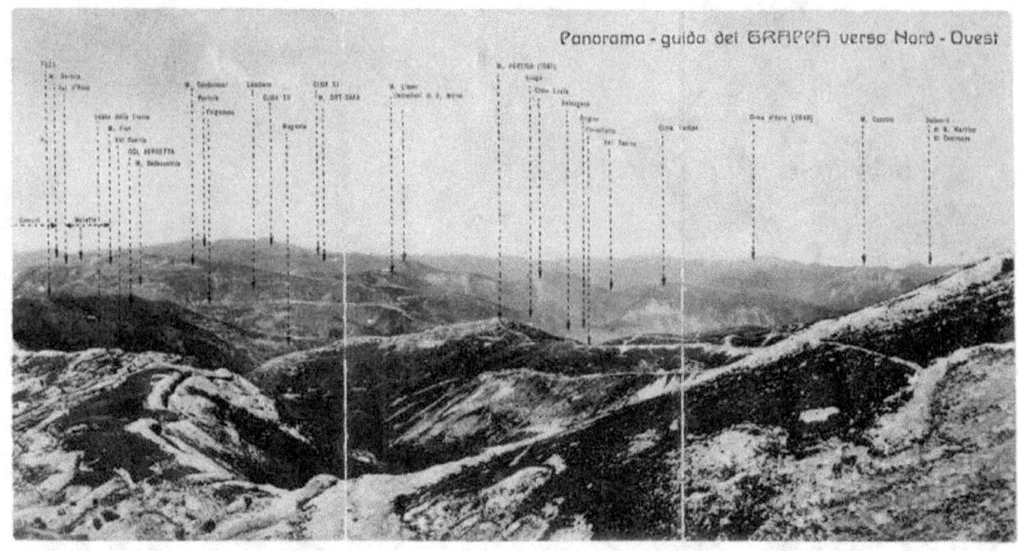

Panorama del Monte Grappa verso Nord- Ovest

Il comandante della 4ª Armata, Gaetano Giardino, all'imbocco della galleria Vittorio Emanuele III.

Monte Grappa. accesso alla galleria Vittorio Emanuele III

Ufficiali davanti alla galleria Vittorio Emanuele III sul Grappa

Traino di un pezzo di artiglieria nel settore del Grappa

Il punto di linea piu avanzato della linea italiana sul Piave presso Case Ruei

Un reparto d'assalto reduce da una manifestazione in onore degli alleati statunitensi

Trincea italiana nel settore dell’8ª Armata

Una mitragliatrice dei bersaglieri ciclisti in azione.

Prigionieri austriaci catturati il 24 Ottobre

Mitraglieri italiani della 4a Armata sul Grappa

Obice Skoda da 305mm austriaco

Pezzo da 149/35 mod 1901

Obice italiano da 280mm

Il Duca d'Aosta sul Basso Piave con alcuni ufficiali dei Granatieri

SA il Principe Emanuele Filiberto comandante III Armata visita i granatieri sul Basso Piave

Mitraglieri con una mitragliatrice *Schwarzolse* di preda bellica

Un reparto di Arditi con un cannone da trincea.

Mitraglieri italiani a Fossalta.

Ufficiali italiani e francesi nelle trincee sul Piave

Passerella per il passaggio del Piave

Un ponte di barche attraverso il Piave

Ponte sul Piave

Mitragliatrice FIAT in azione sul Basso Piave

Pattuglie di arditi e bersaglieri a Fossalta

Passaggio sotto il tiro avversario di truppe della 3ª Armata su una passerelle sul Piave Vecchio

Passaggio improvvisato sulle rovine di un ponte nel Canale del Sile.

Il salvataggio di un ferito sotto le linee austriache

la cavalleria italiana si prepara per inseguire gli austriaci

La cavalleria passa il Monticano, 30 Ottobre 1918

Un cecchino italiano sul Piave

I tricolori cuciti di nascosto dalle donne venete accolgono i liberatori dopo un anno di occupazione

Autoblindata Lancia Ansaldo 1Z

Cannoni austriaci catturati durante l'avanzata

Truppe austriache in ritirata verso il Brennero

Prigionieri austriaci.

Padova, villa Giusti del Giardino, 4 Novembre 1918. Picchetto d'onore dei Carabinieri a cavallo al momento della firma dell'armistizio tra Italia ed Austria- Ungheria.

Villa Giusti, 3 Novembre 1918. L'arrivo della delegazione austriaca per la firma dell'armistizio.

Villa Giusti, 3 Novembre 1918. L'arrivo del Capo di Stato Maggiore Armando Diaz.

COMANDO SUPREMO DEL R. ESERCITO ITALIANO

4 NOVEMBRE 1918 - ORE 12.

Bollettino di Guerra N. 1268

[illegible]

Firmato: DIAZ.

Il Bollettino della Vittoria.

La cavalleria a Trento, 3 Novembre 1918.

Gli italiani a Trento

3 Novembre, ore 16.30. Lo sbarco degli italiani a Trieste.

La R.N. *Audace* a Trieste, sul molo che oggi ne porta il nome.

Lancia 1Z a Innsbruck, Novembre 1918

Novembre 1918. Il Re con Diaz

Premiazione degli arditi della 1ª Divisione d'Assalto: da destra, s.M. il Re, il gen. Armando Diaz, il gen. Francesco saverio Grazioli, comandante la 1ª Divisione d'Assalto.

Diaz in automobile durante una cerimonia.

Armando Diaz nel 1921

1921.
Diaz a Washington fuma il *calumet* della pace con un capo Crow. Diaz venne *adottato* dalla tribù diventandone capo onorario.

Cincinnati, Ohio, 11 Febbraio 1921.
Diaz rende omaggio alla statua di Abraham Lincoln.

Napoli, 25 Novembre 1925

Carissimo amico,

In via personale e riservata le trasmetto stralcio di una lettera testè pervenutami dal Generale Badoglio circa la necessità di investire del grado di Maresciallo gli attuali Generali di Esercito e di regolare la vessata questione della anzianità fra me ed il Maresciallo Cadorna, in senso favorevole a quest'ultimo –

Non le nascondo il senso d'amarezza e di dolore che mi arreca una manifestazione così poco in rapporto col passato; ma non commento la cosa, giacchè credo che l'argomento sia in sfera assolutamente ed esclusivamente politica e non spetta a me di considerarlo e di chiarirne lo spirito e la portata rispetto alla Nazione ed all'Esercito.

Mi limito perciò, in campo più modesto, a pregarla di volerne fare lo studio sotto il punto di vista semplicemente legale, poiché mi sembra che, anche sotto tale riguardo, la tesi sia di ripetibile fondamento.

Al mio prossimo ritorno in Roma me ne dirà qualcosa. E di conseguenza, rimando ad allora la mia risposta.

Le attesto per intanto i miei più cordiali saluti.

Suo aff.mo

A. Diaz

Lettera di Diaz al Segretario del PNF Roberto Farinacci circa la questione dell'anzianità nel grado di Maresciallo rispetto a Cadorna (ACS, Carte Farinacci, scatola 18, fascicolo Diaz)

In divisa di Maresciallo d'Italia.

4 Novembre 1926.
Il Maresciallo Armando Diaz, il Presidente del Consiglio Benito Mussolini, il Grande Ammiraglio Paolo Thaon di Revel (parzialmente coperto dal Duce) rendono omaggio al sacello del Milite Ignoto.
In seconda fila si riconoscono Costanzo Ciano, Achille Teruzzi e Giuseppe Volpi di Misurata.

Primo Marzo 1928.
La Salma del Maresciallo Diaz esposta sull'Altare della Patria

I grandiosi funerali del Maresciallo Diaz, dall'Altare della Patria a Santa Maria degli Angeli

La tomba del Duca della Vittoria nella basilica di Santa Maria degli Angeli

BIBLIOGRAFIA.

AAVV, *Arsiero ed il settore Astico- Posina nella guerra 1915- 1918*, Arsiero 1966

AAVV, *Battaglie della Grande Guerra sulle Prealpi venete*, Valdagno 1983

AAVV, *La Grande Guerra aerea 1915-1918. Battaglie, industrie, bombardamenti, assi, aeroporti*, Valdagno 1994

AAVV, *I legionari cecoslovacchi (1914 - 1920)*, Trento 1997

AAVV, *La Tradotta*, (ristampa del giornale della 3a Armata), Milano 1968

AAVV, *Österreich- Ungarns letzter Krieg. Amtliches Werke*, VII, 1918, Wien 1938

Enrico Acerbi, *Le truppe da montagna dell'esercito austro- ungarico nella Grande Guerra 1914- 1918*, Valdagno 1991

Rino Alessi, *Dall'Isonzo al Piave. Lettere clandestine di un corrispondente di guerra*, Milano 1966S

Tommaso Argiolas, *La Prima Guerra Mondiale*, Roma 1982

Giovanni Artieri, *Il Re, i Soldati e il Generale che vinse*, Bologna 1951

Arthur Arz von Straussemburg, *Zur Geschichte des grossen Krieges 1914 bis 1918*, Wien 1924

Arthur Arz von Straussemburg, *Kampf und Sturz der Kaisermächte*, Wien 1935

Associazione Nazionale Granatieri di Sardegna, Sezione Provinciale di Treviso (cur.) *Diario di guerra del granatiere Giuriati Giuseppe*, Treviso 1935

Corrado Augias, *Giornali e spie*, Milano 1994

Andrè Bach, *Fusillés pour l'exemple, 1914-1917*, Paris 2003

Gian Luca Badoglio, *Il Memoriale di Pietro Badoglio su Caporetto*, Udine 2000

Erminio Bagnasco, Achille Rastelli, *Navi e marinai italiani nella Grande Guerra*, Parma 1997

Alberto Baldini, *Diaz*, Firenze 1929.

Franco Bandini, *Il Piave mormorava*, Mila

Enrico Barone, *Storia militare della nostra guerra fino a Caporetto*, Bari 1919

Oreste Battistella, *Commemorazione della battaglia del Montello, 15-23 Giugno 1918*, Nervesa della Battaglia 1968

Ernst Bauer, *Der Löwe vom Isonzo. Svetozar Boroevic von Bojna*, Wien 1985

Roberto Bencivenga, *Saggio critico sulla nostra guerra*, Roma 1930 -1938Roberto Bencivenga, *La sorpresa strategica di Caporetto*, Roma 1932

no 1965

Michael Bennigof, *Austria- Hungary's Last Offensive: Summer 1918*, “Strategy and Tactics ” 204 (2000)

Giulio Benussi, *Carri armati e autoblindate del Regio Esercito italiano 1918-1943*, Milano s.d.

Mario Bernardi, *Di qua e di là del Piave. Da Caporetto a Vittorio Veneto*, Milano 1998

Enzo Berrefato, Laurent Berrefato, *La Decima Mas. Les Nageurs de combat italièns de la Grande Guerre à Mussolini*, Paris 2001

Tiziano Bertè, *Caporetto. Sconfitta o vittoria?,* Valdagno 2002

Bollettini di guerra italiani, Milano 1924

Claudia Bocca, *I Savoia*, Roma 2002

Giuseppe Boriani, *L'ultima retroguardia. I bersaglieri dall'Isonzo al Piave*, Udine 2001

Oreste Bovio, *In alto la bandiera. Storia del Regio Esercito*, Foggia 1999
Marziano Brignoli, *Immagini della Grande Guerra*, Milano 1982
Alfredo Businelli, *Gli arditi del IX*, Roma 1934
Paolo Caccia Dominioni, *1915-1919. Diario di guerra*, Milano 1993
L. Cdeddu, P. Pozzato (curr.), *Vittorio Veneto. Gli aspetti militari,* Udine 2005
Luigi Cadorna, *La guerra alla fronte italiana*, Milano 1921
Luigi Cadorna, *Altre pagine della Grande Guerra*, Milano 1925
Luigi Cadorna, *Pagine polemiche*, Milano 1950
Luigi Cadorna, *Lettere famigliari*, a cura di R. Cadorna, Milano 1966
Luigi Capello, *Per la verità*, Milano 1920
Luigi Capello, *Caporetto, perché?*, Torino 1967
Filippo Cappellano, Basilio Di Martino , *Un esercito forgiato nelle trincee. L'evoluzione tattica dell'esercito italiano nella Grande Guerra*, Udine 2008.
Mario Caracciolo, *L'Italia nella Guerra Mondiale*, Roma 1936 XIII
Mario Carli, *Noi Arditi*, Milano 1919
Roberto Catalano, *Le battaglie del Piave*, Varese 1970
Enzo Cataldi, *Storia dei Granatieri di Sardegna*, 2a ed. Roma 1990
Alberto Cavaciocchi, *Gli italiani in guerra*, Milano 2014
Ugo Cavallero, *Diario 1940-1943*, a cura di G.Bucciante, Roma 1984
Enrico Caviglia, *Vittorio Veneto*, Milano 1920
Enrico Caviglia, *Le tre battaglie del Piave*, Milano 1938
Enrico Caviglia, *Diario*, Roma 1952
Giovanni Cecchin, *Americani sul Grappa*, s.a.i.
Mario Ceola, *Pasubio eroico*, Rovereto 1939 XVII (rist. anastatica, ivi 1993)
Mario Cervi, *Il Duca invitto. Emanuele Filiberto di Savoia e la storia della sua Terza Armata mai sconfitta*, Milano 2005
Pier Paolo Cervone, *Enrico Caviglia, l'antibadoglio*, Milano 1992
Pier Paolo Cervone, *Vittorio Veneto, l'ultima battaglia*, Milano 1994
Pier Paolo Cervone, *Enrico Caviglia protagonista della Prima Guerra mondiale, "Generale della Vittoria"*, "Quaderni savonesi", 9, Novembre 2008
Christopher Chant, *Austro- Hungarian Armies of World War I*, II voll., London 2003
Paola di Colloredo Mels, *Prigioniera volontaria. Il diario di una crocerossina dopo Caporetto*, Udine 2016
Franz Conrad von Hötzendorf, *Aus meiner Dienstzeit 1906-1918*, Wien 1921-1925
Alberto Consiglio, *Vita di un re: Vittorio Emanuele III*, Bologna 1970
Conventions d'armistice passées avec la Turquie, la Bulgarie, l'Autriche-Hongrie et l'Allemagne par les Puissances alliées et associées, Paris 1919
Luigi Cortelletti, Enrico Acerbi, *Altopiano di Asiago. Guida ai campi di battaglia. Da Cesuna al Monte Cengio*, Valdagno 1997
Carlo Corubolo, *Dal sacrificio alla gloria. Guida ai campi di battaglia dell' Isonzo*, Gorizia 1968
August von Cramon, *Unser österreichisch- ungarischer Bundsgenosse im Weltkriege*, Berlin 1919 (tr. it. *Quattro anni al Gran Quartier Generale Austro-ungarico*, Palermo 1924
Emilio De Bono, *La guerra come e dove l'ho vista e combattuta io*, Milano 1935 XIV
Carlo De Biase, *Badoglio duca di Caporetto*, 2a ed. Milano 1964
Carlo De Biase , *L'aquila d'oro. Storia dello Stato Maggiore italiano (1861-1945)*, Roma

1970
Nicola Della Volpe, *Esercito e propaganda nella Grande Guerra*, Roma 1989
Krafft von Dellmensingen, *Der Durchbrüch am Isonzo 1917*, Berlin 1926 (tr. it. a cura di G.Pieropan, Milano 1981)
Piero Del Negro, *Vittorio Veneto e l'armistizio sul fronte italiano*, in S. Audoin-Rouzeau, Stéphane, J. J. Becker, Jean-Jacques, A. Gibelli (curr.), *La prima guerra mondiale*, 2, Torino 2007
Armando Diaz, *La vittoria del Piave*, Milano 1923
Antonino Di Giorgio, *Ricordi della Grande Guerra (1915- 1918)*, Palermo 1978
Basilio Di Martino, *Ali sulle trincee. Ricognizione tattica ed osservazione aerea nella Grande Guerra*, Roma 1999
Basilio Di Martino, *Trincee, reticolati e colpi di mano nella Grande Guerra*, Valdagno 2000
Basilio Di Martino, *La guerra della fanteria 1915-1918*, Valdagno 2002
Amelio Dupont, *La battaglia del Piave*, Roma 1928
T.N. Dupuy, *The Military Lives of Hindenburg and Ludendorff of Imperial Germany*, New York 1970
Emo Egoli, *I Legionari cecoslovacchi in Italia, 1915-1918*, Roma 1968
Lucio Fabi, *Gente di trincea. La Grande Guerra sul Carso e sull'Isonzo*, Milano 1997
Lucio Fabi, *La prima guerra mondiale 1915-1918* (in *Storia fotografica della società italiana*), Roma 1998
Lucio Fabi, *Sul Carso della Grande Guerra*, Udine 1999
Franco Fadini, *Caporetto dalla parte del vincitore. Il generale Otto von Below e il suo diario inedito*, Milano 1992
Emilio Faldella, *Da Caporetto al Piave*, Bologna 1966
Emilio Faldella, *Caporetto. Le vere cause di una tragedia*, Bologna 1967
Emilio Faldella, *Storia delle Truppe alpine (1872-1972)*, Milano 1972
Emilio Faldella, *La Grande Guerra. I. Le battaglie dell'Isonzo (1915-1917)*, Milano 1978
Emilio Faldella, *La Grande Guerra, II. Da Caporetto al Piave (1917-1918)*, Milano 1978
Cesare Falessi, Gregory Alegi, *L'asso degli assi*, Roma 1992
Peter Fiala, *Die letze Offensive Altösterreichs*, Boppard am Rhein (trad.it. a cura di G. Primicerj, *1918: il Piave. L'ultima offensiva della Duplice Monarchia*, Milano 1982)
Tonino Ficalora, *La presa di Gorizia*, Milano 2001
John F. C. Fuller, *The Decisive Battles of the Western World,* III, *1792- 1944,* London 1956 (tr. it. Roma 1988)
David S.V. Fosten, *British Army 1914-1918*, London 1993
David S.V. Fosten, Robert J. Marrion, *German Army 1914-1918*, London 1996
J.E. Edmonds, H.R. Davies, *Military Operations, Italy, 1915-1919*, *History of the Great War*, London 1949
Ferdinand Foch, *Memorie*, ed.it. Milano 1931
Hubert Frankhauser, *Il Kuk. 7° reggimento fanteria. «Khevenhuller» nella guerra 1914-1918. Galizia, Carpazi, Alpi Carniche, Isonzo, Caporetto, M. Grappa*, tr. it. Valdagno 2010.
Luigi Freguglia (cur.), *XXVII Reparto d'Assalto. Monte Piana, Montello, Vittorio Veneto*, Bologna 1937
Attilio Frescura, *Diario di un imboscato*, IIIa ed. Milano 1930 (rist. Milano 1999)
Attilio Frescura, *Armando Diaz, Duca della Vittoria*, Monza 1928

Manuel Galbiati, Giorgio Seccia, *Dizionario biografico della Grande Guerra,* 2 voll., Chiari 2009
Stefano Gambarotto, Enzo Raffaelli, *La resa dei conti. Con il tenente Vincenzo Acquaviva alla battaglia di Vittorio Veneto*, Treviso 2009, pp 113-114.
Angelo Gatti, *Nel tempo della tormenta*, Milano 1923
Angelo Gatti, *Uomini e folle di guerra*, Milano 1921
Angelo Gatti, Caporetto. *Diario di guerra (maggio- Dicembre 1917)*, a cura di A. Monticone, Bologna 1964 (nuova ed. Bologna 1997)
Carlo Geloso, *Con la 65 divisione dal Carso al Piave*, Milano 1934
Carlo Ghisalberti, *Vittorio Emanuele Orlando e la Grande Guerra*, "Mediterranea- Ricerche storiche", Anno XIII, aprile 2018.
Nicholas Gladden, *Al di là del Piave*, tr.it. Milano 1977
Gaetano Giardino, *Rievocazioni e riflessioni di guerra. I. La battaglia d'arresto al Piave e al Grappa* , Milano 1928
Gaetano Giardino, *Rievocazioni e riflessioni di guerra. II. La battaglia difensiva del Giugno 1918*, Milano 1929
Gaetano Giardino, *Rievocazioni e riflessioni di guerra. III. La battaglia offensiva dell'Ottobre 1918*, Milano 1930
Reginaldo Giuliani, *Gli Arditi,* Milano 1919
Martin Gilbert, *First World War*, London 1994 (trad. it. Milano 2000)
John Gooch, *The Italian Army and the First World War*, Cambridge 2014
Luigi Gratton, *Armando Diaz, Duca della Vittoria. Da Caporetto a Vittorio Veneto*, Foggia 2001
Randal Gray, *Kaiserschlacht 1918. The final German Offensive*, London 1993
Bruce I. Gudmusson, *Stormtroop Tactics: Innovation in the German Army, 1914- 1918*, New York 1989 (tr. it. Gorizia 2205)
Ronald W. Hanks, *Il tramonto di un'istituzione. L'armata austro- ungarica in Italia (1918)*, tr. it. Milano 1994
Philip J. Haythornthwaite, *The World War One Source Book*, London 1992
Basil H. Liddle Hart, *The Real War 1914-1918*, London 1934 (tr.it. *La Prima Guerra Mondiale*, Milano 1968)
Günther Hebert, *Das Alpenkorps: Organization und Einsatz einer Gebirgstruppe im Ersten Weltkrieg*, Boppard am Rhein 1988
Josef Hofbauer *Der Marsch ins Chaos*, Wien 1930, tr. it. Chiari 2000
Charles F. Horne (ed.) *Source Records of the Great War*, V, London 1923.
Alistair Horne, *The Price of Glory. Verdun 1916*, London 1962 (tr.it. Milano 2003)
Mario Isnenghi, *Il mito della Grande Guerra*, Bari 1970
Mario Isnenghi, *Giornali di trincea*, Torino 1970
Mario Isnenghi, Paolo Pozzato, *I vinti di Vittorio Veneto*, Bologna 2018
Peter Jung, *The Austro- Hungarian Forces in World War I, 1914- 1918*, Oxford 2003 (tr.it. Gorizia 2014)
Andrea Kozlovic, *Storia fotografica della Grande Guerra*, Valdagno 1986
Alfred Krauss, *Die Ursachen unserer Niederlage. Erinnerungen und Urteile aus dem Weltkrieg*, München 1920
Ludwig Jedlika, Anton Staudinder, *Ende und Anfang. Österreich 1918/1919*, Wien 1969
Horald D. Lasswell, *Propaganda Technique in the World War*, London 1938
Anton Lehàr, *Regiment 106*, Wien 1926

Giuliano Lenci, *Le giornate di Villa Giusti.Storia di un armistizio*, Padova 1998
Tullio Limber, Ugo Leitempergher, Andrea Kozlovic, *1914-1918. La Grande Guerra sugli altipiani di Folgaria- Lavarone- Luserna- Vezzena- Sette Comuni- Monte Pasubio- Monte Cimone e sugli altri fronti di guerra*, Valdagno 1988
Erich Ludendorff, *I miei ricordi di guerra*, Milano 1920
C.A. Macartney, *The Habsburg Empire, 1790-1918*, Oxford 1969 (tr. it. Milano 1981 IIIa)
Francis Mackay, *Battleground Europe. Italy. Asiago*, Barnsley 2000
Nevio Mantoan, *Armi ed equipaggiamento dell'Esercito italiano nella Grande Guerra 1915-1918*, Valdagno 1996
Nevio Mantoan, *La guerra dei gas 1914-1918*, IIa ed. Udine 2001
Pietro Maravigna, *Come abbiamo vinto*, Torino 1920
Pietro Maravigna, *Guerra e vittoria*, Torino 1935
Ferdinando Martini, *Diario 1914- 1918*, Milano 1966
Paolo Marzetti, *La guerra italo- austriaca 1915-1918. Uniformi, distintivi, equipaggiamento ed armi*, Parma 1991.
Alessandro Massignani, *Le truppe d'assalto austro- ungariche*, Valdagno 1995
Antonio Mautone, *Armistizio/ Waffenstillstand. Gli ultimi giorni di guerra in Trentino e Tirolo*, Chiari 1999
Piero Melograni, *Storia politica della Grande Guerra*, Milano 1998
A. Menichetti, *Il Corpo Cecoslovacco in Italia*, Uniformi e Armi 37 (1994)
P. Mieli (cur.), *La Grande Guerra nelle prime pagine del Corriere della Sera,* Milano 1915.
Mino Milani, *Da Caporetto al Piave*, Milano 1983
Fortunato Minniti, *Il Piave*, Bologna 2000
Alberto Monticone, *La battaglia di Caporetto*, Udine 1999
Museo Storico della Brigata Granatieri di Sardegna, *I Granatieri di Sardegna nella guerra 1915-1918*, Roma 1937
Benito Mussolini, *Opera Omnia,* 11, *Dal Convegno di Roma agli armistizi (13 aprile 1918- 12 Novembre 1918)*, Firenze 1953
David Nicolle, *The Italian Army of World War I*, London 2003
Karl F. Nowak, *Il crollo delle Potenze Centrali*, tr. it. Bologna 1923
Siro Offelli, *Le armi e gli equipaggiamenti dell'Esercito austro-ungarico dal 1914 al 1918*, 2 voll., Valdagno 1999-2001
Adolfo Omodeo, *Momenti della vita di guerra. (Dai diari e dalle lettere dei Caduti)*, Bari 1934.
Giors Oneto, *Apres Caporetto*, Aubagne 1990.
Novello Papafava, *Da Caporetto a Vittorio Veneto*, Torino 1928
Ludwig Pengow, *La verità sulla battaglia del Piave*, Valdagno 1999
Giuseppe Pennella, *Dodici mesi al comando della Brigata Granatieri*, Roma 1923.
Novello Papafava dei Carraresi. *La battaglia di Vittorio Veneto,* Abano Terme 1970
Alfredo Patroni, *La conquista dei ghiacciai*, Milano 1924 (nuova ed., ivi, 1975)
Piero Pieri, *Storia militare del Risorgimento*, Torino 1962 (rist. Milano 2004, 2 voll.)
Piero Pieri, *L'Italia nella Prima Guerra Mondiale*, Torino 1965
Piero Pieri, *La prima Guerra Mondiale 1914- 1918*, Udine 1998
Piero Pieri, Giorgio Rochat, *Badoglio*, Torino 1974
Gianni Pieropan, *1914-1918. Storia della Grande Guerra sul fronte italiano*, Milano 1988

Lamberto Pignotti, *Figure d'assalto. Le cartoline della Grande Guerra*, Rovereto 1985
Angelo L. Pirocchi, *Italian Arditi. Elite Assault Troops 1917-1920*, London 2004
Paolo Pozzato, *Vittorio Veneto. La battaglia della vittoria (24 Ottobre-4 Novembre 1918)* , Treviso 2008
Giuseppe Prezzolini, *Vittorio Veneto*, Roma 1919
Giulio Primicerj, *1918. Cronaca di una disfatta*, Milano 1983
Giulio Primicerj, *1917. Lubiana o Trieste?*, Milano 1986
1° Reggimento Granatieri di Sardegna, *Libro d'oro del 1° Reggimento Granatieri di Sardegna MDCLIX- MCMXX*, Roma 1922
Paolo Puntoni, *Parla Vittorio Emanuele III*, Bologna 1993
Ingomar Pust, *Die steinerne Front: Auf den Spuren des Gebirgskrieges in die Julischen Alpen von Isonzo zur Piave*, Graz 1980
Manfred Rauchensteiner, *Der Tod des Doppleradlers: Österreich-Ungarn und der Erste Weltkrieg*, Graz 1994
Oskar Regele, *Der Feldmarschall Conrad*, Wien 1955
Oskar Regele, *Gericht uber Habsburgs Wehrmacht*, Wien 1968
Gianni Rocca, *Cadorna. Il Generalissimo di Caporetto*, Milano 1985
Giorgio Rochat, *L'esercito italiano da Vittorio. Veneto a Mussolini (1919-1925)* , Bari 1967
Giorgio Rochat, *L'Italia nella Prima Guerra Mondiale*, Milano 1976
Giorgio Rochat Giulio Massobrio. *Breve storia dell'esercito italiano dal 1861 al 1943*, Torino 1978
Giorgio Rochat, "DIAZ, Armando", *Dizionario Biografico degli Italiani*, XXXIX, Roma 1991, s.v.
Giorgio Rochat, *Gli arditi della Grande Guerra. Origini, battaglie e miti*, Gorizia 2001
Pierluigi Romeo di Colloredo, *La Battaglia del Solstizio. Piave Giugno 1918*, Genova 2008
Pierluigi Romeo di Colloredo, *Luigi Cadorna. Una biografia militare*, Genova 2011
Pierluigi Romeo di Colloredo, *La carne del Carnaro. Un giorno nella vita di Gabriele D'Annunzio: venerdì 12 Settembre 1919, la Marcia su Fiume*, 2ª ed. Genova 2017.
Pierluigi Romeo di Colloredo, *I Soldati Lunghi. I Granatieri di Sardegna nel conflitto 1915- 1918*, 2ª ed. Bergamo 2018.
Pierluigi Romeo di Colloredo, *Vittorio Veneto 1918. L'ultima vittoria della Grande Guerra*, Genova 2018
Raffaele Rossetti, *Contro la "Viribus Unitis"*, Roma 1932
Rosario Romeo, *Scritti storici 1951-1987*, Milano 1990
Ermes Aurelio Rosa, Ludovico Lommi, *Gli Arditi sul Grappa* (a cura di Ruggero Dal Molin), Bassano del Grappa 2003
Virgilio A. Savona, Michele L. Straniero, *Canti della Grande Guerra*, 2 voll., Milano 1981
Edoardo Scala, *Storia delle Fanterie Italiane,* V, Roma 1953
Silvio Scaroni, *Battaglie nel cielo*, Milano 1934, rist. ivi 1971
Walther Schaumann, Peter Schubert, *Piave. Un anno di battaglie 1917-1918*, tr.it. Bassano del Grappa 1991
John R. Schindler, *Isonzo: the Forgotten Sacrifice of the Great War*, Westport 2001 (trad. it. Gorizia 2002)
Antonio Sema, *La Grande Guerra sul Fronte dell'Isonzo*, Gorizia 2009

Ronald Seth, *Caporetto. The Scapegoat Battle*, London 1964 (trad.it. Milano 1966)
Mario Silvestri, *Isonzo 1917*, Milano 2001
Mario Silvestri, *Caporetto. Una battaglia e un enigma*, Milano 1984
Stato Maggiore del Regio Esercito- Comando Supremo, *La battaglia del Piave (15- 23 Giugno 1918)*, Roma 1920
Stato Maggiore del Regio Esercito, *La battaglia dall'Astico al mare (15 Giugno- 6 Luglio 1918)*, Roma 1918
Stato Maggiore del Regio Esercito, *Le grandi unità nella guerra italo-austriaca 1915-1918, I, Casa Militare del Re. Comando Supremo. Armate. Corpi d'Armata. Corpi Speciali. Corpi di Spedizione*, Roma 1926
Stato Maggiore del Regio Esercito, *Le grandi unità nella guerra italo- austriaca 1915-1918, II, Divisioni di Fanteria. Divisioni Speciali. Divisioni di Cavalleria. Truppe Alleate in Italia*, Roma 1926
Stato Maggiore del Regio Esercito, *Riassunti storici dei Corpi e Comandi nella guerra 1915- 1918, voll. 1- 8, Le Brigate di Fanteria*, Roma 1924- 1929
Stato Maggiore del Regio Esercito, *Riassunti storici dei Corpi e Comandi nella guerra 1915- 1918, vol. 9, Bersaglieri*, Roma 1929
Stato Maggiore del Regio Esercito, *Riassunti storici dei Corpi e Comandi nella guerra 1915- 1918, vol. 10, parte 1a, Alpini. Divisioni. Raggruppamenti. Gruppi*, Roma 1930
Stato Maggiore del Regio Esercito, *Riassunti storici dei Corpi e Comandi nella guerra 1915- 1918, vol. 10, parte 2a, Alpini. Reggimenti e battaglioni*, Roma 1931
Stato Maggiore del Regio Esercito, *Le Medaglie d'Oro nella Guerra Italo- Austriaca 1915-1918, IV, 1918*, Roma 1929
Filippo Stefani, *La storia delle dottrine e degli ordinamenti dell'Esercito italiano*, 3 voll., Roma 1984- 1989
Tenente Anonimo, *Arditi in guerra*, Milano 1934, rist. Chiari 2000
Sergio Tazzer, *Banditi o eroi? M.R. Stefanik e la Legione Ceco-slovacca*, Vittorio Veneto 2003
Sergio Tazzer, *Piave e dintorni. 1917-1918*, Vittorio Veneto, 2011
Mark Thompson, *La guerra bianca*, tr. it. Milano 2008
Cesco Tomaselli, Paolo Gaspari, *Gli ultimi di Caporetto. La vittoria di Caporetto*, Udine 1997
George M. Trevelyan, *Scene della guerra d'Italia,* tr.it. Bologna 1919
Touring Club Italiano, *Sui Campi di battaglia, Il Monte Grappa*, Milano 1928
Touring Club Italiano, *Sui Campi di battaglia, Il Piave e il Montello*, Milano 1929
Touring Club Italiano, *Sui Campi di battaglia, Il Medio e Basso isonzo*, Milano 1930
Touring Club Italiano, *Sui Campi di battaglia, Il Cadore, la Carnia, l'Alto Isonzo*, Milano 1931
Ufficio Storico SME, *L'Esercito Italiano nella Grande Guerra, vol. V°, Le operazioni del 1918, tomo 1, Gli avvenimenti dal Gennaio al Giugno. Narrazione, t. 1 bis, Documenti, t. 1 ter Carte e schizzi*, Roma 1980
Ufficio Storico SME, *L'Esercito Italiano nella Grande Guerra, vol. VI° Le operazioni del 1918, tomo 2 ,La conclusione del conflitto. Narrazione, t. 2 bis, Documenti, t. 2 ter Carte e schizzi*,Roma 1988
Fritz Weber, *Des Ende eine Armee*, Wien 1933 (tr.it. *Tappe della disfatta*, Milano 1993)
J.M. Winter (cur.), *The Experience of World War I*, Oxford 1988 (trad.it. Milano 1986)
John Whittam, *The Politics of the Italian Army*, London 1977 (tr.it. *Storia dell'Esercito*

Italiano, Milano 1979)
Corrado Zoli, *La Battaglia del Piave. Ricordi ed impressioni,* Roma 1920
Ottavio Zoppi, *Due volte con gli Arditi sul Piave*, Bologna 1938

SOLDIERSHOP
PUBLISHING
STORIA

www.ingramcontent.com/pod-product-compliance
Lightning Source LLC
Chambersburg PA
CBHW081657120626
46550CB00010B/2932